手把手教你精细化汽车美容

（全彩图解+视频精讲）

主　编：李　雪　穆雨平

副主编：汪　建　刘贤伦

参　编：程　洋　余建建　林东哲

　　　　郭志雄　王亚煊

二维码总码

机械工业出版社
CHINA MACHINE PRESS

本书通过图、文、表格及视频的形式，详细介绍了汽车美容应用知识和方法，重点介绍了车主实际用车时的异常现象，针对汽车美容从业技术人员经常遇到的众多应用场景痛点，以深入浅出的方式详细梳理了对应的解决方案，内容具备实用性与可操作性。

全书主要内容包括：汽车美容概论、汽车美容施工安全操作、汽车清洗与护理、汽车内饰清洁养护、汽车漆面护理、特色汽车美容、车身膜、汽车美容养护产品与销售话术、汽车美容营销文案编写核心步骤、技巧和基本话术。

本书突出简明、易懂、实用的特点，适合汽车美容行业人员自学及作为培训用书，也可供汽车服务行业相关运营人员及高等职业院校的师生学习参考。

图书在版编目（CIP）数据

手把手教你精细化汽车美容：全彩图解+视频精讲 / 李雪，穆雨平主编. — 北京：机械工业出版社，2023.8（2025.5重印）
ISBN 978-7-111-73642-4

Ⅰ.①手… Ⅱ.①李…②穆… Ⅲ.①汽车-车辆保养 Ⅳ.①U472

中国国家版本馆CIP数据核字（2023）第147411号

机械工业出版社（北京市百万庄大街22号　邮政编码100037）
策划编辑：齐福江　　　　　责任编辑：齐福江　丁　锋
责任校对：李小宝　李　婷　封面设计：王　旭
责任印制：李　昂
涿州市般润文化传播有限公司印刷
2025年5月第1版第2次印刷
184mm×260mm・12.5印张・240千字
标准书号：ISBN 978-7-111-73642-4
定价：69.00元

电话服务　　　　　　　　网络服务
客服电话：010-88361066　机　工　官　网：www.cmpbook.com
　　　　　010-88379833　机　工　官　博：weibo.com/cmp1952
　　　　　010-68326294　金　书　网：www.golden-book.com
封底无防伪标均为盗版　　机工教育服务网：www.cmpedu.com

前　言

据公安部数据，截至 2023 年 3 月，全国机动车保有量达 4.2 亿辆，其中，汽车 3.2 亿辆；机动车驾驶人 5.1 亿人。2022 年，全国新注册登记机动车 3478 万辆，新领证驾驶人 2923 万人。同时，全国新能源汽车保有量达 1310 万辆，占汽车总量的 4.10%。其中，纯电动汽车保有量 1045 万辆，占新能源汽车总量的 79.77%。2022 年新注册登记新能源汽车 535 万辆，与上年新注册登记量相比增长 81.48%。此外，全国有 81 个城市的汽车保有量超过 100 万辆，同比增加 7 个城市，37 个城市超过 200 万辆，20 个城市超过 300 万辆。因此，汽车后市场汽车美容的商机是无限大的。

《手把手教你精细化汽车美容》凝聚了编者在汽车后市场二十多年的从业经验，参考了研发生产商、德国进口品牌中国总代理、国产品牌区域总代理，以及全国百强连锁汽车美容连锁店等机构的大量培训资料，按照工作过程导向及实施流程的思路编写，在内容的安排上遵照循序渐进的原则，并收录了数百张实际案例图片、数十张操作表、数十个案例操作视频，内容、形式和案例都有创新。本书从车主实际用车场景中所遇到的异常现象出发，基于技术、销售与营销推广人员的岗位工作，讲解了所有操作项目，并提供精细化操作步骤与正确的解决方案，将培训的职业技能与企业需求并轨，充分增强了读者学习的主观能动性。

本书内容包括汽车美容项目的产品知识、操作流程、工具设备、质量验收标准、施工防护、注意事项等，还有接待服务流程、销售话术、拍摄照片技巧与要求、营销推广的文案标题和宣传案例等，重点项目可通过扫描书籍中的二维码观看项目的视频精讲，力求让读者在短时间内抓住汽车美容业务的精髓，缩短技术培训周期，服务项目作业更迅速、更到位，达到降低运营成本及提升工作效率的目的，在现有的资源下创造更大的利润空间。

本书的具体内容及特色：第一章概括介绍汽车美容行业；第二章介绍汽车美容施工安全操作，让读者了解施工安全防护的重要性，也是目前保护环境以及个人健康的重要课题；第三章介绍汽车清洗与护理，让初学者快速掌握操作技巧并熟知质量标准；第四章介绍汽车内饰清洁养护，教给读者汽车内饰清洁与养护的方法；第五章介绍汽车漆面护理，讲解了用于漆面护理的汽车美容产品的应用；第六章介绍特色汽车美容，主要介绍汽车美容的延伸服务项目；第七章介绍车身膜，系统化讲述了漆面保护膜、改色膜，以及专用的车身膜清洁养护工具与产品；第八章介绍汽车美容养护产品与销售话术，让读者了解不同种类的汽车美容养护产品，以及重点项目的销售话术；第九章介绍汽车美容营销文案编写核心步骤与技巧，有丰富的营销文案案例与图片，让读者能轻松地发挥个人创意去制作宣传文案。

本书由李雪、穆雨平担任主编，汪建、刘贤伦担任副主编，参编人员有程洋、余建建、林东哲、郭志雄、王亚煊。本书在编写中还得到德国 SONAX 汽车美容中国总代理上海妙声科技有限公司的鼎力支持，并提供了有关 SONAX 的图片、视频，在此表示衷心的感谢。

主要鸣谢人员（排名不分先后）：
孙　斌　诺优佰（北京）贸易有限公司　总经理
赖名峰　北京凸凹平汽车养护用品销售有限责任公司　总经理
徐守海　车民之家汽车技术服务（上海）有限公司　总经理

书中难免有不足之处，敬请汽车美容界同仁不吝赐教，给予指导与指正，编者不胜感激。

技术交流联系方式：电话 400-633-5255，网址 http://www.musicson.net/。

编　者

二维码索引

名称	二维码	页码	名称	二维码	页码
洗车香波浓缩液1		026	SONAX 抛光技巧1		057
油污去除剂		029	SONAX 抛光技巧2		059
轮毂轮胎护理		033	特级漆面光洁护车素		066
橡胶条上光护理剂		035	SONAX 抛光技巧3		068
汽车内饰清洁剂		040	SONAX 抛光技巧4		069
皮革护理剂		050	SONAX 抛光效果		071
车内异味去除剂		052	SONAX 纳米液体蜡		073

（续）

名称	二维码	页码	名称	二维码	页码
纳米镀晶		081	车身膜护理		125
浓缩雨刷精		089	洗车香波浓缩液2		126
发动机和天窗清洁护理		091	特级轮胎上光护理胶		139
简易洗车		108	空调除菌剂清新剂		142
透明膜施工案例		110	汽车空调清洁除菌剂		142
改色膜施工案例		114	快速玻璃清洁剂		143
车身膜清洁		124	特级纳米浓缩雨刷精		144

目 录

前言

二维码索引

第二章
汽车美容施工安全操作

一、施工安全操作的重要性 /007

二、安全防护用品使用与注意事项 /011

三、清洗、护理作业安全操作规则 /015

四、设备安全操作规程 /017

五、防范中毒事故 /021

第一章
汽车美容概论

一、汽车美容简介 /001

二、汽车美容目的 /003

三、汽车腐蚀及污染源 /004

四、专业汽车美容与普通汽车美容的区别 /005

第三章
汽车清洗与护理

一、汽车清洗概述 /023

二、汽车清洗用具 /023

三、快速洗车流程 /025

四、清洗施工流程 /026

五、清洗质量标准 /029

六、接车流程详解 /031

七、汽车轮胎轮毂清洁与护理 /036

第四章
汽车内饰清洁养护

一、汽车内饰污染现象 /039

二、汽车内饰清洁方法 /039

三、汽车内饰清洁用具与产品 /041

四、清洁施工流程 /041

五、清洁质量标准 /046

六、汽车内饰养护 /049

七、汽车空调系统护理 /052

第六章
特色汽车美容

一、汽车玻璃抛光与防雾 /086

二、汽车天窗清洁与护理 /089

三、汽车发动机外部清洁与护理 /090

四、汽车前照灯翻新与护理 /094

五、镀铬件抛光 /096

六、外部塑料件护理 /097

第五章
汽车漆面护理

一、汽车漆面污染来源 /054

二、汽车漆面氧化识别方法 /055

三、汽车漆面美容护理用品 /057

四、车漆涂层表面可处理的瑕疵 /060

五、漆面失光的处理方法与注意事项 /064

六、抛光镜面实务技巧 /074

七、车辆各部位漆面抛光技巧与要领 /075

八、漆面抛光作业流程 /078

九、漆面抛光验收标准 /081

十、纳米镀晶 /083

十一、镀晶作业验收标准 /084

第七章
车身膜

一、汽车漆面结构 /101

二、汽车漆面保护膜简介 /104

三、汽车改色膜简介 /114

四、清洁养护工具与产品 /123

第八章
汽车美容养护产品与销售话术

一、清洗类 /126

二、治理类 /129

三、护理类 /135

四、添加剂 /143

五、汽车美容养护销售话术 /145

附录
基本话术培训

一、FAB 话术 /183

二、CPR 话术 /188

第九章
汽车美容营销文案编写核心步骤与技巧

一、文案标题的核心目的 /152

二、编写文案标题的方法技巧 /157

三、通用的文案核心要点 /165

四、文案实务应用技巧 /178

01

第一章
汽车美容概论

　　汽车美容是对汽车的外观与内饰进行彻底的清洁与保护。随着人们生活水平的提高，城市生活节奏的加速，汽车成为现代人必备的交通工具。汽车美容源于西方工业发达国家，由于西方的汽车工业发展速度快，竞争也十分激烈，汽车生产厂家为了提高自家汽车的市场占有率，不断推出性能优良、款式新颖、色泽艳丽的汽车。

　　汽车如果长期暴露在室外，必然受风吹日晒、雨淋、冰冻，一方面会导致汽车漆面及各类皮革、橡胶、塑料等材料受到阳光中紫外线的破坏而褪色；另一方面受到酸雨、废气、炭烟、尘土、泥土、鸟粪、树脂、沥青等污染物的侵蚀，在漆面上形成如同皮肤上的角质层，不但影响色泽，而且会侵蚀漆面。此外，错误的洗车打蜡处理，也会使漆面严重受损，加速漆面老化。

　　1994年，汽车美容最初在我国出现，如今这个概念已被公众普遍接受，而且汽车美容中心已遍及全国各地。汽车美容是一种全新的汽车养护概念，是与一般的洗车打蜡有着本质上区别的汽车后市场服务业务。

一、汽车美容简介

　　汽车美容是指针对汽车各部位不同材质所需的保养条件，采用不同性质的汽车美容护理用品及施工工艺，除包含汽车打蜡、除渍、除臭、吸尘及车内外的清洁等常规美容护理外，还包括利用专业美容系列产品和高科技技术设备，采用特殊的工艺和方法对漆面进行研磨、平整、抛光、上蜡、镀膜及深浅划痕处理，还有全车漆面美容、底盘防腐涂胶和发动机表面翻新等一系列的保养护理。汽车美容使用的产品是采用高科技手段及优等化工原料制成的，它不仅能使汽车焕然一新，更能让旧车彻底翻新，并长久保持艳丽的光彩。

汽车美容主要包括车表美容（汽车清洗、除去油性污渍、新车开蜡、旧车开蜡、镀件翻新和轮胎翻新）、车室美容（车室美容护理、发动机美容护理和行李舱清洁）、漆面美容（漆面失光处理、漆面划痕处理和喷漆）、汽车防护、个性化订制（安装汽车漆面保护膜、改色膜、防爆太阳膜、防盗器、语音报警系统和静电放电器）和汽车精品（汽车香水、车室净化、装饰贴和各种垫套）等。

我国汽车美容的迅速发展和已经存在的很成熟的一些经营模式，使近几年消费者的消费理念逐步成熟，比如，汽车漆面保护膜已成为汽车美容界最受关注的产品（图1-1～图1-3），其材料包括聚氯乙烯（PVC）（已淘汰）、聚氨酯（PU）、改性高分子（TPH）、热塑性聚氨酯（TPU），而TPU材质又分为芳香族与脂肪族两种细分种类。从简单的洗车→车蜡→封釉→镀膜→镀晶→汽车漆面保护膜，国内汽车美容行业已进入一个不断升级的阶段。汽车美容养护行业的巨大市场不断吸引商家进入，从而推动了整个行业的不断发展。国内汽车美容行业已经走过了起步阶段，汽车美容项目出现多样化，高技术含量将促使今后汽车美容业发展得更加迅速，美容项目的更新，美容技术的不断升级已经成为很重要的课题。

图1-1　汽车漆面保护膜施工案例1

图1-2　汽车漆面保护膜施工案例2

图1-3　汽车漆面保护膜施工案例3

根据市场调查，目前我国60%以上的私人高档汽车车主有给汽车做外部美容养护的习惯；30%以上的中低档汽车车主也开始形成了给汽车做美容养护的观念；30%以上的公用高档汽车也定时进行外部美容养护；50%以上的私家车车主愿意在掌握基本技术的情况下，自己动手进行汽车美容和养护。不难看出，汽车美容业在我国有着巨大的市场发展空间。

一辆汽车从购买到报废的全部花费中通常只有1/4用于购车，而3/4的花费大都用于养护、美容和维修。一辆十几万元的汽车，每年用于车辆美容、养护和维修的费用保守估计达到3000元以上（未含洗车、装饰等费用）。如果按照每辆汽车年消费3000元计算，据公安部统计，截至2022年6月底，全国机动车保有量达4.06亿辆，汽车养护和汽车美容至少可达到近12180亿元的市场规模，汽车美容养护行业已然成为一个高速发展的产业。

虽然国内汽车后市场随着市场的需求发展而初具规模，但市场地域分散、客户资源有限、管理及技术相对落后、汽车美容产品供应商质量参差不齐、行业间各自为政等因素造成了同质化恶性竞争加剧，以及汽车后市场鱼龙混杂的现状。大部分汽车后市场服务业者正面临经营瓶颈。

由于汽车美容护理业具有灵活、操作简单、利润较高、风险较低等特点，因此，国内的大量洗车店、汽车配件精品店、轮胎店、汽修厂及个人蜂拥进入汽车美容市场，以争得市场上的份额，致使市场竞争日趋激烈。汽车美容专业不仅要求非常高，而且是一个全新的概念，与一般的洗车擦车、打蜡上光等业务有着本质上的区别。

汽车美容业应以高质量的技术提供给消费者优质服务，让消费者可以享受到专业、一致及标准的服务。建立干净舒适、现代化且安全的专业服务门店，价格透明、定价合理、禁止任意增设收费项目，是汽车后市场汽车美容服务专业门店永续经营的内涵与理念。汽车美容业是伴随着汽车技术高速发展、消费观念的更新及汽车文化深入人心的必然产物。

二、汽车美容目的

汽车美容主要目的是清除车体外和车体内的各种氧化和腐蚀（图1-4），然后加以保护（图1-5），尽量突显车的"美"。

图1-4 洗车案例

图1-5 汽车漆面保护膜施工案例4

1. 汽车美容护理是美学上的要求

汽车的外观和人的形象越来越密不可分，因此，现在人们已逐渐把焦点由车辆的技术性能转移到车辆的美学角度上。汽车美容护理集清洁、除尘、打蜡、翻新及漆面处理于一体，由表及里、全面而细致地使车辆的风采持久。由此可见，汽车美容护理是车辆美的缔造，其意义不言而喻。

2. 汽车美容护理也是汽车养护的客观要求

1）汽车清洁。汽车清洁是及时清除车身外表上的尘土、酸雨、沥青、树叶、鸟粪等污染物，保持车表清洁，防止漆层受到腐蚀和损坏。专业美容护理还能去除车表上的静电膜、交通膜、旧蜡等，使车漆露出本来面目。

2）车身表面的研磨。车身表面的研磨是使用专门的研磨剂，对车身漆面上存在的缺陷，如氧化层、划痕、褪色、酸点、碱点等进行研磨处理，消除缺陷。

3）抛光及上光。抛光是消除研磨留下的缺陷，也为打蜡提供一个光滑、平整的漆面。上光也就是打蜡，是为汽车面漆提供一个保护层，并给车身以光彩亮丽的视觉效果。而选择不同类型的车蜡，可以防酸雨、静电和紫外线，还有抗高温等功能，能为车辆的外表提供全面的保护。

4）内饰美容。内饰美容是在除尘、清洗的同时，采用特殊的工艺及用品，进行杀菌、除异味、除异物、上光保护、翻新修补及空气净化，让车内空间充满清馨、恬静的感觉。

5）发动机美容。灰尘、油污等各种酸碱物质若长时间附着在机体上，会使金属零件产生腐蚀，橡胶、塑料会老化失去弹性，产生龟裂等。所以要用专业的美容护理用品，清除发动机外表的一切异物且不伤害机件及橡胶塑料件，恢复其原有的光泽度。

6）汽车防护。汽车防护是汽车美容的附加项目，它能为用车带来更多的安全保障。汽车防护用品包括防爆太阳膜、车门报警系统、语言报警系统、静电放电器、风窗玻璃防雾剂、防盗器等。

三、汽车腐蚀及污染源

了解汽车腐蚀的原因、防止措施及漆面污染源，能有效地增加车漆表面的寿命。

1. 汽车腐蚀的原因及防止措施

（1）汽车腐蚀的原因

1）含有湿气的污垢或碎屑留在车上。

2）由于砂砾或小的交通事故造成漆层损伤。

3）车身下部积存的沙、污垢或积水。

4）相对湿度较高的地区（如沿海地区）会加速车漆腐蚀；而在气温持续在冰点以上，有大气污染以及往公路上撒盐的地区腐蚀更为严重。

5）湿度高、通风不良会使零部件腐蚀加速。

6）工业污染、沿海地区盐分的存在都会促使腐蚀加速。

（2）防止汽车腐蚀的措施

1）经常清洗汽车，定期打蜡，以保护金油层并保持光亮。

2）经常检查车辆是否有较小的损伤，如有损伤应及时进行修理。

3）保持车门底部和后挡板的排水孔畅通，以避免积水而引起腐蚀。

4）经常检查车身下部和车门，如有砂砾、污物等，应用水将其冲洗干净。

2. 污染源

汽车漆面污染一般由酸雨、工业污染及紫外线照射等因素造成。漆面污染包括表面污染和深层污染两个方面。

1）表面污染包括灰尘、树胶、沥青、新鲜鸟粪、工业排放、静电吸附和飞漆等。

2）深层污染包括酸雨腐蚀、深层氧化、微划痕（条纹、旋纹）、褪色及水痕、蚀痕和龟裂等。

解决途径：表面污染用香波洗车或漆面清洁可处理。深层污染用漆面研磨、漆面抛光等方法可处理，更严重时需用水砂纸打磨。漆面研磨后，需要抛光和打蜡保护。应制订合理的汽车美容保养计划，定期洗车、打蜡，以防止漆面老化。

汽车腐蚀污染源如图1-6所示。

图1-6 汽车腐蚀污染源

四、专业汽车美容与普通汽车美容的区别

专业汽车美容有别于一般洗车打蜡汽车美容，它有自身的系统性、规范性和专业性，并且有特定的内涵，包括一整套作业内容、作业方法和作业标准。它实质上是针对汽车各部位不同材质所需的保养条件，采用不同性质的汽车美容护理产品及操作工艺，对汽车进行系统性、规范性、专业性的保养护理。系统性就是着眼于汽车的自身特点，由表及里进行全面而细致的保养；规范性就是每一道工序都有标准而规范的技术要求；专业性就是严格按照工序要求采用专业工具、专业产品和专业手段进行操作。专业汽车美容使用专业优质的养护产品，针对汽车各部位材质进行有针对性的保养、美容和翻新，使经过专业美容后的汽车外观洁亮如新，漆面亮光长时间保持，有效延长汽车整体的使用寿命。

一般来说，专业汽车美容，是通过先进的设备和数百种用品，经过几十道工序，对车身、内饰（对地毯、皮革、丝绒、仪表、音响、顶篷、冷热风口、变速杆区等进行高压洗尘吸尘上光）、发动机（免拆清洗）、轮毂轮胎（图1-7、图1-8）、底盘、保险杠、油电路等作整车处理，使旧车变成如同新车一样并长久保持，且对较深的划痕可进行特殊快速修复。专业汽车美容与普通汽车美容的区别见表1-1。

图 1-7　轮毂清洗

图 1-8　轮胎清洗

表 1-1　专业汽车美容与普通汽车美容的区别

项目名称	汽车打蜡	深度划痕修复	专业汽车美容
作业内容	洗车	划痕砂平	整车细部清洗
	↓	2min	
	打蜡	快干原子灰	机油、飞漆、油污处理
		5min	
		研磨	尘粒、桔皮平整处理
		2min	
		快干底漆	漆面粗研
		5min	
		底色漆	漆面抛光处理
		5min	
		罩光漆	增艳处理
		10min	
		清涂接口	漆面抗氧化保护处理
		全部工艺步骤约30min	
			持久保护层处理
			镜面还原处理
			轮毂轮胎保险杠美容
			车室细部小美容
			发动机清洗

第二章
汽车美容施工安全操作

汽车美容是一种专业性很高的工作，而工作者经常会接触化学药剂、清洁剂及挥发性的有机溶剂，还包括各种粉尘、蜡粉、甚至现代的纳米化学制品等等，这些都是工作者为保护自己的身体健康所必须防护的。但是对这些了解及重视的人并不多，因为人们只知道哪一瓶可以清洁柏油，哪一瓶可以去除铁屑，还有哪一瓶对清除玻璃的油污很有效果，即大部分从业人员只知道药剂的用途，却不知道药剂的成分及危害性。

不同汽车美容商家的美容产品，有不同的产品配方，而且不断地推陈出新。但只要工作者能对不同产品的特性、作用原理及危害性有基本的了解，建立良好的工作卫生习惯，就可以避免、消除工作环境所产生的危害因素，保护自己的身体健康。

本章主要讲解关于汽车美容的施工安全操作知识，以及作业时应穿着的防护用具案例。施工安全操作案例如图 2-1 所示。

图 2-1 施工安全操作案例 1

一、施工安全操作的重要性

环境危害因素对于身体的伤害不一定会立即呈现出来，所以人们就容易产生疏忽、怠惰的心态，然而对身体的危害正一点一滴、日积月累地形成，直到身体无法负担时，人们才知道失去健康的重要性，但为时已晚。

空气污染物大致上可分为颗粒状和气体状，然而这两大类型的污染物都普遍存在于汽车美容工作场所中，只是污染物项目有所不同而已。颗粒状污染物又叫作粉尘，浓度

以 μg/m³ 为单位，颗粒大小以粒径区分（10μm 以下的称为悬浮颗粒）。粉尘的种类很多，如有机类或无机类、石棉、金属颗粒（如铅）等，其中，石棉能导致肺癌，铅会造成贫血、神经系统损伤等问题。

专家指出，6μm 以下的粉尘容易被吸入呼吸系统，如气管、支气管、肺泡等等，更可怕的是，这些粉尘很有可能吸附一些致癌或有毒的气体，对身体造成更大的伤害。另外，汽车美容工作场所中也常会存在许多气体污染物，它们大多数都是挥发性的有机物质，常温下多以液态存在，具有很大的挥发性，例如氮氢化合物、溶剂、脱脂清洁剂、强酸及强碱类清洁剂等。施工安全操作案例如图 2-2 所示。

图 2-2　施工安全操作案例 2

这些气体污染物对人体的伤害很大，最主要的影响在于破坏黏膜组织或器官（例如眼睛、皮肤、呼吸系统），所以会导致眼睛刺痛、咳嗽、气管及支气管发炎、气喘、肺炎，最终形成肺癌。在汽车美容工作场所中较有可能接触到的污染物如下。

1. 汽车蜡

汽车蜡的主要成分为碳氢化合物及少量的氧元素，不易被水分解，其熔点一般均在 50℃ 左右。蜡是一种石油化学产物，它的分子量较大，对人体伤害较小，但是打蜡时也会吸入少量的蜡或蜡粉，长期的吸入对人体健康也是一种威胁。施工安全操作案例如图 2-3 所示。

2. 清洁剂

图 2-3　施工安全操作案例 3

清洁剂是其分子一端含有亲油基（长链脂肪油）、另一端含有亲水基（钠、钾、铵、乙醇胺等），可以分散或溶解在水中的化合物的总称。它是能让两个分离或不同的物质彼此产生互溶的媒介物。洗车时一定会接触清洁剂，它不仅可以去除车上油污，还会带走皮肤上的油脂，手部经常接触清洁剂会有干燥及发紧的现象，进而损伤皮肤。

3. 强酸、强碱性的清洁剂

此类清洁剂多以水做溶剂，用于清除钢质轮毂或铝合金轮毂上积累的污染物，如铁屑、铝屑等金属氧化物。如果轮毂上的温度很高，不要马上喷上此类清洁剂（容易产生有毒的气体）或直接用洗车机冲洗轮毂，否则制动盘易变形（热胀冷缩原理）；同时容易形成强酸或碱蒸汽，对人体造成有很大的伤害，包括对眼睛和皮肤的化学性腐蚀，对鼻、咽、喉等呼吸道部位的刺激，因此要特别注意防护。

4. 脂类清洁剂

用于清除发动机上的重油污，它的特性为容易燃烧，使用时必须远离火源。它在高温环境下易形成蒸汽，会与眼睛、皮肤接触及被吸入呼吸道，引发刺激性的反应，过量吸入会造成身体的伤害及病变。施工安全操作案例如图 2-4、图 2-5 所示。

图 2-4　施工安全操作案例 4

图 2-5　施工安全操作案例 5

5. 氢氟酸

氢氟酸俗称蚀骨水，是一种能侵蚀钙的化合物。一般作为水泥消除剂，以清除附着在车身上的水泥，若长期吸入其气体或皮肤接触会形成较难愈合的溃疡。

6. 甲醇

酒精（乙醇）最常用来制作成消毒杀菌剂，或者作为汽车芳香剂中的溶剂。它本身无毒性，但有些不良厂商为将低成本，用工业酒精来代替乙醇。工业酒精含有与乙醇成分不同的甲醇，它无色无味，但有毒性，容易造成咳嗽、头痛、昏眩、视神经伤害等问题。所以在购买时，选择知名品牌的汽车芳香剂比较有保障。

7. 臭氧

臭氧具有很强的杀菌效果，有研究表明，臭氧可在 5min 内杀死 99% 以上的细菌繁殖体；同时，臭氧也能起到除臭的作用。臭氧浓度低时对人体是无害的，如果浓度太高会对人体产生不良影响，人如果长时间暴露于臭氧浓度为 1×10^{-6}~2×10^{-6}（质量分数，后同）的环境中时会有喉咙不适的感觉，臭氧浓度为 5×10^{-6}~10×10^{-6} 时会产生头痛头晕的感觉。

因此，在使用臭氧时，工作场所应该保持通风或空调循环的环境，使用高浓度大型臭氧机做车内杀菌、除臭时,人员必须离开车内,以免产生臭氧中毒现象。

8. 有机溶剂

有机溶剂包括甲醛、苯、甲苯、醇类等挥发性气体,会刺激眼睛、皮肤、黏膜组织、呼吸道、肺等组织和器官。一般塑化制品,如座椅、椅套、脚垫、仪表板、内饰配件等在制造过程中都会加入阻燃剂、定型剂、防腐剂、胶黏剂等化学物质,然而这些物质都含有高挥发性的有机溶剂。

一般挥发性有机溶剂有6个月的释放期,因此,在车辆为新车时,应该尽可能打开门窗,让这些有机溶剂得以为释放出来,让车内空气尽快恢复清新。尤其在开车前,应该把空调风量开到最大以冲淡异味,减少对人体的伤害。施工安全操作案例如图2-6、图2-7所示。

图2-6 施工安全操作案例6

图2-7 施工安全操作案例7

9. 一氧化碳

一氧化碳是一种无色、无味、无臭的气体,一般是汽油燃烧不完全的产物。一氧化碳和红细胞中的血红素的结合能力是氧气的200倍以上,因此,吸入过多的一氧化碳会造成血液无法输送氧气,使人缺氧窒息而死亡。通常,在密闭车库或空气不流通的场所,若长时间发动车辆,都容易发生因废气排放产生一氧化碳中毒的情形。

10. 二氧化碳

室内二氧化碳浓度超过800×10^{-6}时,人们就会感到不舒服、脸红、疲倦、想打瞌睡或头痛,超过1000×10^{-6}时,会影响呼吸、循环系统,出现大脑机能迟缓等现象。

此外,二氧化碳与部分空气污染物含量成正比,一般室内二氧化碳浓度增加,表示环境已受污染,且二氧化碳有催化污染物扩散的效应。虽然一氧化碳与二氧化碳浓度不一定与汽车美容施工有太大的关联性,但工作者在作业时仍需注意,以防意外情况发生。

11. 纳米颗粒

纳米材料非常细微，很容易在施工时进入人体与环境，在施工时必须做好防护措施。

12. 甲苯

甲苯是一种无色并且带特殊芳香味易挥发的液体，它的特质与苯相似，目前用来替代有相当毒性的苯作为有机溶剂使用。它主要应用于金属脱脂、塑料脱脂等用途。甲苯本身对人体有轻微的伤害，而工业用甲苯中经常掺加少量苯。

不同的有害物质有着不同的进入人体的途径。一般而言，环境危害因素进入人体的途径主要还是吸入、食入、皮肤接触三种不同方式。施工安全操作案例如图2-8、图2-9所示。

图2-8　施工安全操作案例8

图2-9　施工安全操作案例9

二、安全防护用品使用与注意事项

需要佩戴防护用品的人员在使用防护用品前，应认真阅读产品安全使用说明书，确认其使用范围、有效期限等内容，熟悉其使用、维护和保养方法，发现防护用品有受损或超过有效期限等情况时，绝不能冒险使用。

1. 个人安全防护用品

个人安全防护用品指为防止一种或多种有害因素对自身的直接危害所穿用或佩戴的器具的总称。个人安全防护用品的正确使用，可以保证员工避免生产过程中直接危及个人安全。

（1）防护服

防护服分特殊作业防护服和一般作业防护服，其应能有效地保护作业人员，并且不会对工作场所、操作对象产生不良影响。

1）棉布工作服：用天然植物纤维织物，如纯棉白帆布、纯麻白帆布制作，厚约

0.6mm，具有隔热、易掉飞溅火星及熔融物、耐磨、扯断强度大、透气等特点。

2）胶布雨衣：防雨，适用于雨天露天作业。

3）防机械外伤和脏污工作服：这类工作服用量大，适于预防运送材料及使用工具时可能发生的机械伤害，或防止肮脏物污染。衣服面料要求耐磨并具有一定强度。

（2）工作帽

工作帽可用于保护劳动者头部，以消除或减轻坠落物、硬质物件的撞击和挤压伤害，还可以防止劳动者头发过长或掉落对操作施工产生影响，是生产中广泛使用的个人安全用品。

（3）眼部、面部防护用品

眼部、面部防护用品是指用于防止辐射、烟雾、化学物质、金属火花、飞屑和尘粒等伤害眼、面、颈的防护用具。

1）防护眼镜：用来保护眼部，防止飞屑、尘粒、化学物质等伤害眼部。防护眼镜的质量一定要好，否则眼镜受到冲击损坏，会对眼睛造成更为严重的二次伤害。

2）防护口罩：防止将烟雾、化学物质、有毒气体吸入肺部。防护口罩有防尘口罩和防毒面具之分。烟尘严重的环境佩戴防尘口罩，有溶剂挥发的环境佩戴防毒面具。施工安全操作案例如图2-10、图2-11所示。

图2-10 施工安全操作案例10

图2-11 施工安全操作案例11

3）防护面罩：保护面部，防止热辐射、火花等对面部和颈部的伤害。在进行焊接操作时必须佩戴防护面罩。

（4）手、足部的防护用品

手、足部的防护用品是指劳动者根据作业环境中的有害因素，为防止各种手、足部伤害事故而戴用的特制手套和特制的鞋。

1）防护手套：防止手部伤害，有皮手套、线手套、防水手套、耐溶剂手套等。但要注意，使用台钻、卷扬机等设备工作时，是严禁戴手套操作的。

2）安全鞋：保护足部。安全鞋的功能有防滑、绝缘、防砸、耐溶剂、防水、抗高压等。根据适用的工作环境的不同，安全鞋只具备其中的某几种功能，选择时要仔细辨认。

（5）耳部防护

耳塞、耳罩在噪声较大的工作环境下使用，用于保护听力。

2. 汽车美容行业常用防护用品

汽车美容行业经常接触的是水、各种清洗液和各种用电设备。基本的防护用品一定要准备齐全，如防水鞋、防水手套等就是必不可少的。同时，还要有规范的工作服，并要求工作服上不能有尖锐的饰物，防止刮坏车身涂层。进行底盘装甲操作时会有胶粒喷出，所以要佩戴防护眼镜和防护口罩等。

3. 车间作业安全守则

对新员工需在入职前先行说明工作环境与安全注意事项再行分派工作；新员工作业前须进行两个小时以上临场安全教育和环境熟悉再行上岗；新员工作业分配和操作前需做好完整的技术、安全教导再行上岗。一般的车间作业安全守则如下。

1）工作前必须穿戴好安全防护用品，不准穿拖鞋、裙衣或赤脚进行作业。

2）特种作业人员须持证上岗，不准非特种操作人员乱动机械、电器设备。

3）在工作车间不得打闹、斗殴、吵架等。

4）不准酒后上班和工作时饮酒，严禁在车间内吸烟。

5）不准违章作业和野蛮操作。

6）加强对易燃物品的管理，不得随意乱放。

7）作业结束后要及时清除场地的油污等杂物，并将设备工具整齐安放在指定位置，以保持施工场地整齐清洁。

8）在车间、油库、材料间等处应配备充足的灭火器材，并加强维护，使之保持良好的技术状态，所有员工应会正确使用灭火器材。施工安全操作案例如图2-12、图2-13所示。

图2-12 施工安全操作案例12

图2-13 施工安全操作案例13

4. 安全生产

安全生产包括企事业单位在劳动生产过程中的人身安全、设备和产品安全、交通运输安全以及防护措施，是确保从业人员的人身安全，保证生产经营活动得以顺利进行的相关活动。

（1）安全用电

安全用电是企业经营管理的基本原则之一，没有掌握安全用电的知识，违反用电操作规程，不仅会造成停电、停产、损坏设备甚至引起火灾，而且容易导致触电事故，危及生命。安全用电，避免各种用电事故的导致是非常重要的。

1）触电对人体的伤害。触电是指电流以人体为通路，使身体的一部分或全部受到电的刺激或伤害。

2）触电可分为电击和电伤两种。电击是指电流通过人体，造成人体内部器官伤害；电伤是指电流对人体外部造成的局部伤害，如电弧烧伤、电灼伤等。

3）电流是触电伤害的直接因素。通过人体的电流越大，造成的伤害也就越大。当流过交流 1mA 或直流 5mA 的电流时，人体就会有麻、刺、痛的感觉，使人不舒服；当流过交流 20~50mA 或直流 80mA 的电流时，人体就会产生麻痹、痉挛、刺痛的感觉，随之血压升高，呼吸困难，如果自己不能摆脱电源就有生命危险；当流过 100mA 的交流电流时，人体就会呼吸困难，心脏停搏。

（2）设备的安全使用

设备的使用是生产安全里面很重要的一项内容，有很多的工伤事故都是设备的违规操作造成的。使用设备一定要严格按照使用说明书的要求去操作，尤其是新的设备，使用前一定要将它的性能了解透彻。在汽车美容中，我们经常使用的设备大部分都是电动工具，对于这些设备的使用要遵循安全操作注意事项。

（3）电动工具操作注意事项

电动工具因其便利的使用条件及可适应的操作环境广泛，一直被广大用户所认可，但是电动工具毕竟是要接触电的，使用及操作不当极其容易产生危险。电动工具的安全操作规范和相关注意事项如下。

1）工作场所应该清洁无杂物，杂乱无章的工作环境会导致意外事故的发生。

2）不要在易燃易爆的场所使用电动工具，在潮湿的场所使用时要做好电路的绝缘。

3）与作业无关的人员不要靠近工作场所，尤其是幼童。

4）工作时衣服穿戴要合适，不要让松散的衣角或长链首饰卷入电动工具的转动部分。长发者应戴工作帽，把头发拢住。施工安全操作案例如图 2-14、图 2-15 所示。

图2-14　施工安全操作案例14

图2-15　施工安全操作案例15

5）绝大多数的电动工具作业时，均需佩戴防护眼镜。进行粉尘飞扬的切削作业时，需佩戴防尘面罩。

6）不要通过电线提起电动工具，也不要强行拉扯电线从电源插座拔除插头。要保证电线与热源和油液隔开，并避免与锐利的边缘接触。

7）不使用时、维修以前以及更换附件之前，一定要拔下电源插头。

8）谨防误开动。插头一旦插上电源插座，手指就不可随便接触电源开关。插接电源之前，要确定开关已经切断。

9）保持高度警觉，密切注意所进行的作业，注意力集中。疲惫时不要使用电动工具。

10）工具应妥善维护，保持工作部位清洁，以达到更好、更安全的使用效果。应按规定加注润滑脂并更换附件。线缆应定期检查，如发现破损应立即修复。手柄要保持干燥，并防止黏附油脂类的脏污。

11）不使用的电动工具要妥善保存，保持存放地点干燥并加锁保管。不同的设备和工具有不同的使用和保养方法。

三、清洗、护理作业安全操作规则

汽车表面清洗、护理中所使用的清洗剂多数都带有一定的毒性和腐蚀性，施工现场有水、电、气等，都有一定的危险性。为确保施工安全，人员和设备无损伤，施工人员必须遵守以下安全施工规则。

1. 重视安全工作

施工人员必须从思想上重视安全工作，以高度的责任感和严肃的态度认真施工。施工中要树立安全第一、客户至上、精心服务的观念，严格遵守操作规程，杜绝事故的发生。

2. 熟悉施工环境

施工人员必须熟悉施工现场及周围的环境，了解水、电、气开关的位置及救护器材的位置，以备应急之用。

3. 熟悉施工安全技术

施工人员必须熟悉施工安全技术、清洗剂的使用方法和急救方法。施工安全操作案例如图 2-16、图 2-17 所示。

图 2-16　施工安全操作案例 16

图 2-17　施工安全操作案例 17

4. 注意用电安全

地线必须搭铁，防止漏电，使用电器时要严防触电，不要用湿手和湿物接触开关。施工结束后，要及时把电源切断。

5. 防护护具

现场施工人员直接接触酸、碱性液体时，应穿工作服、胶靴、防腐蚀手套，必要时应佩戴防毒面具。

6. 严禁烟火

清洗、护理作业现场必须整洁有序，严禁烟火。

7. 确保施工安全

清洗、护理现场应有消防设备、管路，要有充足的水源和电源，确保施工安全需要。

8. 定时维护设备

清洗、护理设备在使用前应进行试运转，使用后应用清水冲净，按要求维护并妥善保管，如有故障应及时排除。

9. 注重环保

施工中排放的清洗废液应符合排放要求，不许随地乱排放。

10. 总结施工安全经验

施工安全工作要有专人负责，定期检查，并不断总结安全施工的经验，确保安全施工。

四、设备安全操作规程

1. 电动、气动工具安全操作规程

电动机具的操作开关应置于操作人员伸手可及的部位。当休息、下班或工作中突然停电时，应切断电源侧开关。在安装、拆除、调整任何气动工具配件或保养气动工具时，要将气动工具与压缩空气管断开，并且将空气压缩机关掉。

1）操作人员应熟悉所使用的工具。使用前应检查各零部件是否安装牢固，各紧固件连接是否牢靠，电缆及插头有无损坏、开关是否灵活，并观察内部有无杂物。

2）使用前应该检查所用电压是否符合规定，电源电压应尽量使用220V，如电源电压为380V时，应检查搭铁是否良好，并注意地线标记。施工安全操作案例如图2-18、图2-19所示。

图2-18 施工安全操作案例18

图2-19 施工安全操作案例19

3）使用电动工具操作时，应检查是否搭铁，电线要有胶管保护。

4）经检查后可接通电源空运转，检查声音是否正常。

5）使用中如发现有大火花、异响、过热、冒烟或转速不足等现象，应停止使用，修复后再继续使用。

6）各电器元件应保持清洁，接触良好。轴承及变速箱内的润滑油每半年更换一次。

7）工具不用时应存放在干燥处，以防受潮与锈蚀。

8）使用气动工具时必须防止由于连接不牢而造成空气损失和人身事故。

9）工具在转动中不得随处放置，需要放置时应关机，等工具停稳后再放下。

10）使用或保养气动工具时，要佩戴防护眼镜或防护面罩及耳罩。

2. 空气压缩机安全操作规程

操作人员必须熟悉空气压缩机的结构、性能、工作原理，并熟练掌握该类机器的操作规程。

1）空气压缩机应设专人开动和管理。

2）开动前认真检查空气压缩机、电动机和电气控制部分是否良好，一切正常无误后，开动运转片刻，再正式使用。

3）空气压缩机要按规定顺序起动，设备运转时要认真观察运转状况，观察气压表读数，发现异常现象要及时排除，再正式使用。

4）在工作中严禁工作人员和其他人闲谈或随意离开机房，必要时应停机后再离开，以防事故发生。

5）任何人未经操作者同意，不准开动机器。施工安全操作案例如图2-20所示。

图2-20 施工安全操作案例20

3. 涂装车间风机安全操作规程

工作前应及时起动风机排风。起动前应检查风机有无故障，扇叶有无摩擦现象，电源线是否有破损，防止电动机打火引起火灾。工作结束时，应先停止喷漆，后关风机。风机安全操作规程如下。

1）风机设备必须由专人负责开动和管理，其他人不得随意开动。

2）操作人员在起动风机前必须确认电气设备正常后再起动。

3）操作人员必须每天清除电动机及输气管道内的灰尘污垢，以防管道堵塞。

4）在风机运转过程中，如果发现不正常现象应立即停机，将故障排除后再工作。

4. 照明装置安全操作规程

照明线路不得拴在金属脚手架、龙门架上，严禁在地面上乱拉、乱拖。灯具需要安装在金属脚手架、龙门架上时，线路和灯具必须用绝缘物隔离开，且距离工作面高度在3m以上。隔离开关应配有熔断器和防雨措施。照明装置安全操作规程如下。

1）施工场地的照明设备应有防爆装置。

2）涂料仓库的照明开关应设在库外。

3）各种电气开关均应为密封式，并且操作方便。

4）如果使用手灯，必须使用 36V 安全电压。施工安全操作案例如图 2-21 所示。

5. 防火安全意识与注意事项

火灾绝大多数都是人为造成的，在汽车美容尤其是涂装施工中，涂料和溶剂均属易燃易爆物品。

图 2-21　施工安全操作案例 21

涂料本身遇明火会发生火灾，而施工中挥发的溶剂蒸汽与空气混合达到一定浓度时，一旦遇到明火就会发生爆炸。

（1）火灾和爆炸的重要原因

根据资料统计，涂装施工场所发生火灾和爆炸事故的主要原因有以下几个方面。

1）施工现场不具备安全防火的条件，没有通风排气设备，挥发的溶剂不能及时排出，溶剂蒸汽达到一定浓度，遇明火即发生起火爆炸。

2）电气设备达不到防爆等级，照明灯、电动机、电气开关没有安装防爆装置；电气设备选用不当或损坏未及时维修；在危险场合使用的照明器具、电动机的开关及配线等，在结构上防爆考虑不充分，有产生火花的危险。

3）浸有油性涂料或溶剂的棉纱、碎布等擦拭物没有及时清理而长期堆积，由于化学反应会渐渐发热以至达到燃点而自燃。施工安全操作案例如图 2-22、图 2-23 所示。

图 2-22　施工安全操作案例 22

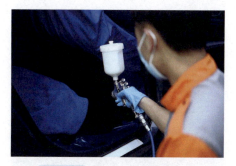

图 2-23　施工安全操作案例 23

4）施工人员不遵守防火规则，在涂装现场使用明火或吸烟。

5）施工场所没有足够数量的灭火器、黄沙及其他灭火工具。

（2）防火措施

防止燃烧条件的产生，不使燃烧条件相互结合并发生作用，以及采取限制、削弱燃烧条件发展的办法，阻止火势蔓延，这就是防火的基本原理。为消除火灾隐患，安全操作,应做好以下几点防火工作。

1)完善防火设施。涂装车间所有结构件应采用耐火材料制成,并通风良好。

2)按防爆等级规定安装电器。凡是能产生电气火花的电器和仪表不得在施工场所使用。电器和机械设备的超负荷运转引起的过热也是潜在的火灾隐患。

施工场所的所有电线、电缆、电动起动装置、配电设备、照明灯等都应符合防爆要求,电动工具和电器应搭铁良好。在直接使用溶剂的场所,隔离开关、配电盘、熔断器、普通电动机及照明开关应安装在室外。

3)严禁烟火。施工场所严禁吸烟,不准携带火种入内。如必须动用明火,只能在规定的安全区域内进行。车间及仓库,都要设立"严禁烟火"的醒目标志。

4)防止冲击火花。涂装过程中应尽量避免敲打、碰撞、冲击、摩擦等操作。用铁器开启金属桶、敲击铁制件,甚至鞋底的掌钉与水泥地面摩擦都易产生火花,引起火灾。对燃点低的涂料或溶剂开桶时,应用非铁制工具,如铜、铝制工具开启,以免产生火花引起燃爆事故。

5)严防静电产生。在涂装施工中,静电往往是火种来源之一。施工时,由于摩擦而产生的静电火花是常常被忽视的隐患。为防止静电事故,施工场所的设备、管道、容器都应安装地线。

6)谨防自燃。浸有油性涂料或溶剂的棉纱、碎布等揩擦物,必须放在指定地点,定期销毁,不许与涂料及溶剂混放在同一场所。施工安全操作案例如图2-24、图2-25所示。

图2-24 施工安全操作案例24

图2-25 施工安全操作案例25

7)避免积存过多的涂料。施工现场尽量避免积存过多的涂料与稀释剂,不可将盛涂料的容器开口放置。

8)废料严禁随意排放。作废易燃的溶剂和涂料要集中管理,并在安全场所销毁,严禁倒入下水道。

9)备足灭火器材。施工场所必须备有足够的灭火器、黄沙及其他灭火工具,并定期检查更换。

10）及时灭火。当易燃物遇明火发生燃烧时，应使用扑盖物将火源罩上，或使用灭火器扑灭。若发生较大火灾，应立即报警，立即切断电源，关闭运转的设备和邻近车间的门窗，防止火势蔓延并组织扑救。

（3）灭火的基本原则

一旦发生火灾，只要消除燃烧条件中的任何一条，火即熄灭。常用的灭火方法有隔离、冷却和隔绝空气等。

1）隔离火源原则。该原则就是将可燃物和火源（火场）隔离开来，消除可燃物，燃烧即停止。例如，装盛可燃气体、燃料液体的容器与管道发生着火事故时，或容器管道周围着火时，应立即设法关闭容器与管道的阀门，使可燃物与火源隔离，阻止可燃物进入着火区；可在火场与其邻近的可燃物之间形成一道"水墙"加以隔离，或将可燃物从着火区搬走；可采取措施阻拦正在流散的燃料液体进入火场；还可拆除与火源毗连的易燃建筑物等。

2）冷却降温原则。该原则就是将燃烧物的温度降至着火点（燃点）以下使燃烧停止，或者将邻近火场的可燃物温度降低，避免形成新的燃烧条件，如常用水或干冰进行降温灭火。

3）隔绝空气原则。该原则就是消除燃烧条件之一的助燃物，如空气、氧气或其他氧化剂，使燃烧停止。主要是采取措施阻止助燃物进入燃烧区，或者用惰性介质和阻燃性物质稀释助燃物，使燃烧得不到足够的氧化剂而熄灭。如空气中含氧量低于14%时，木材燃烧即停止。

另外。采取隔绝空气原则的常用措施有将灭火剂如四氯化碳、二氧化碳、泡沫灭火剂等不燃气体或液体，喷洒覆盖在燃烧物的表面，使之不与助燃物接触；用惰性介质或水蒸气充满容器设备；将正在着火的容器设备严密封闭；用不燃或难燃材料捂盖燃烧物等。

五、防范中毒事故

清洗剂、护理用品、涂料及溶剂大部分都有毒，在喷射时所形成的喷雾、涂膜在干燥过程中所挥发出来的溶剂气体会通过人的呼吸道或皮肤渗入人体，对人体神经系统和血液系统产生刺激和破坏作用，造成头晕、头痛、失眠、乏力和记忆力减退等症状，它还能造成人体血液系统的损害，引起白细胞减少，出现红细胞和血小板降低，以及皮肤干燥、搔痒等症状。为防止发生中毒事故，应采取防护措施。

1. 控制空气中有毒物质的浓度

为确保操作人员身体健康，必须采取有效措施控制空气中有害物质的浓度，使空气中的溶剂蒸汽浓度降低到最高许可浓度以下，即长期不损害人体的安全浓度。一般最高许可浓度是有害物质浓度下限值的 1/10~1/2。控制空气中有毒物质浓度的具体措施有。

1）施工场所应有良好的通风和排风换气设备，使空气流通，加速有害气体的散发，使空气中有害气体含量不超过许可浓度。

2）在采用暖风的情况下，一般不采用循环风。在有害气体浓度不超标的场合才允许部分采用循环风。

3）有毒材料的尘雾和气体应经过净化处理后排入大气，排气风管应超出屋顶 1m 以上。

4）吸入新鲜空气点和排出废气点之间的距离在水平方向应不小于 10m。

5）对于毒性大、有害物质含量高的涂料严禁用喷涂方法涂装。

2. 防毒措施

进行防毒宣传教育，既要说明有毒物质对人体的危害性，又要讲清职业毒害是可以防止的，教育施工人员遵守安全操作规程，爱护设备，加强个人防护。

1）技术人员在操作时，应穿戴好各种防护用具，如专用工作服、手套、面具、口罩和鞋帽，不允许操作人员穿着工作服离开车间。

2）操作前应穿戴好劳动保护用品，如使用有空气净化器的头罩或面罩。

3）施工时，如感到头痛、眩晕、心悸、恶心，应立即离开现场并到通风处呼吸新鲜空气，严重的应及时治疗。

4）为防止有毒气体通过肺部吸入人体，在喷涂时要佩戴附有活性炭的防毒面具。有毒气体还可通过皮肤进入人体，从而发生危害作用，因此，在施工完毕后，要用肥皂清洗脸和手。

5）为保护皮肤，施工前可以涂防护油膏，施工后清洗干净，再涂其他润肤油膏保护。

6）要随时注意个人卫生和保健，不能在施工场所进食、饮水和吸烟，工作衣物要隔离存放并定期清洗。

7）工作结束后应先淋浴，换好干净衣服到室外呼吸新鲜空气。还应多喝开水湿润气管，喝水可以增加排毒能力。

03

第三章
汽车清洗与护理

汽车各部位的清洗是汽车美容的重要组成部分,也是后序美容的基础。从基本理论上讲,用清洗剂洗车是一个复杂的化学现象和物理现象相互作用的过程。

本章主要讲解专业洗车作业流程及常见的车内外的异常现象及其解决方法,以及常见车辆清洁与护理项目,包含玻璃清洁与防雾、轮胎轮毂清洁与护理、发动机外部清洁与护理、天窗清洁与护理、大灯翻新与护理、空调系统杀菌去异味等。

一、汽车清洗概述

洗车工作看似很简单,但是要想洗得又快又好,还能让顾客满意,就不是件容易的事。洗车服务是一种汽车美容店面招揽生意、稳定客源的最重要的手段。既能通过专业、快速的洗车服务给顾客留下良好的印象,又为销售其他汽车用品和施工服务奠定良好的信任基础。洗车的种类有很多,常见的种类是普通水洗、自助洗车、专业精致洗车和自动洗车机清洗等。

二、汽车清洗用具

汽车清洗用具包含洗车工具、洗车毛巾、洗车用品,配合专业的操作流程可确保施工效率。洗车工位场景与部分流程如图3-1所示。

1. 洗车工具

常见的洗车工具包括涡旋泡沫器、高效干洗枪、洗车用海绵擦、发动机专用清洗枪、吸水麂皮擦车布、强力轮胎清洁刷、轮毂清洁刷、小喷壶、高效清洁枪、手动储压水壶等。

a）专业洗车工位

b）专业洗车用具

c）取出脚垫

d）清洗脚垫

e）喷洒预洗液

图 3-1　洗车工位场景与部分流程

2. 洗车毛巾

常见的洗车毛巾包括漆面祛水擦车专用大毛巾（蓝色）、漆面专用擦拭小毛巾（深蓝色）、门边专用小毛巾（紫色）、内饰专用小毛巾（绿色）、轮毂及轮胎专用小毛巾（灰色）、玻璃专用小毛巾（红色）。提示：可依据毛巾的颜色区分擦拭作用或部位，使多人作业时有统一的执行标准。

3. 洗车用品

常见的洗车用品种类及其用法如下：高泡去污预洗香波稀释比例1∶200到1∶400（体积比，后同）；洗车香波稀释比例1∶200到1∶400；车辆内外部多功能清洁剂稀释比例1∶100；内饰织物/地毯/皮椅/门板清洁剂稀释比例1∶1；特级轮毂清洁剂稀释比例1∶1；快速玻璃清洁剂稀释比例1∶1；橡胶清洁护理剂稀释比例1∶1。

🔧 备注：经实际门店洗车施工操作实践验证，按照本洗车流程，一般施工工时为 20~30min，门店可严格控制施工作业工时，以确保施工效率。

洗车部分流程如图 3-2 所示。

a）高压水冲洗　　　　b）喷洒洗车香波　　　　c）海绵擦拭

d）轮毂清洁　　　　e）高压水冲洗

图 3-2　洗车部分流程 1

三、快速洗车流程

擦泡沫流程如图 3-3 所示，双人擦车走线及流程如图 3-4 所示。双人洗车流程见表 3-1。

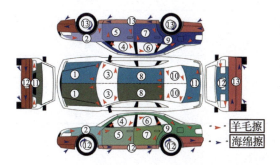

图 3-3　擦泡沫流程

a）擦车走线图　　　　　　　　　b）擦车流程图

图 3-4　双人擦车走线及流程

表 3-1 双人洗车流程

项目	步骤	技师 A	技师 B
操作流程	1	使用发动机专用清洗枪清洗发动机舱表面	使用发动机专用清洗枪清洗发动机舱表面
	2	打开右侧车门,取出右侧脚垫	打开左侧车门,取出左侧脚垫
	3	车身打湿(车身过脏可用高压水)	车身打湿(车身过脏可用高压水)
	4	喷洒预洗液(重点部位为腰线以下)	喷洒预洗液(重点部位为腰线以下)
	5	轮毂、轮胎清洁	轮毂、轮胎清洁
	6	吹气枪吹洗边缝门边框	吹气枪吹洗边缝门边框
	7	高压水冲洗	洗脚垫
	8	喷洗车香波	喷洗车香波
	9	海绵全车擦拭	海绵全车擦拭
	10	弱水冲洗	弱水冲洗
	11	麂皮擦车布擦干	麂皮擦车布擦干
	12	车辆外部吹水	车辆外部吹水
	13	擦拭玻璃边框及门边框	擦拭玻璃边框及门边框
	14	使用吹气枪搭配毛巾吹、擦内饰	使用吹气枪搭配毛巾吹、擦内饰
	15	玻璃清洁	玻璃清洁
	16	吸尘,脚垫归位	吸尘,脚垫归位
	17	上轮胎蜡	上轮胎蜡
	18	质检	质检
	19	清洁工位卫生	清洁工位卫生
	20	工具、产品归位	工具、产品归位
	21	送客	送客

注:以上洗车流程顺序,可根据实际作业情况排序。

四、清洗施工流程

清洗施工流程各步骤的操作说明见表 3-2。

洗车香波浓缩液 1

表 3-2 清洗施工流程

项目	步骤	操作说明	施工工具	注意事项/提醒事项
清洁养护	前期准备	准备工具产品(发动机油污清洁剂、轮毂清洁剂、溅落残留清洁剂、多功能海绵擦、车身清洁刷、软性海绵擦),取走脚垫,保护发动机	车身清洁刷	请遵照发动机油污清洁剂有关稀释和作用时间的使用说明,切勿将产品喷在未完全冷却的发动机表面
	清洁发动机及发动机舱	在发动机舱的表面喷洒发动机油污清洁剂,遵循由后至前、自上而下的次序喷洒发动机舱内侧,操作中请遵循次序避免重复		

（续）

项目	步骤	操作说明	施工工具	注意事项/提醒事项
清洁养护	清洁车门及行李舱	在车门、行李舱及排雨槽喷洒发动机油污清洁剂，请按逆时针方向喷洒以便确定作用时间	车身清洁刷	橡胶垫和随车工具也可以使用发动机油污清洁剂清洁
	清洁格栅、中网	在格栅和中网喷洒发动机油污清洁剂，待其产生作用后用高压水枪冲去		—
	清洁轮毂	在轮毂上喷洒轮毂清洁剂，注意作用时间		记得清洁备胎
	高压水枪冲洗	由格栅、中网开始，当冲洗至发动机部分时，水温将达到最佳。冲洗发动机应该从发动机后部开始，向顶部前方过渡，发动机舱盖应该自上而下冲洗。接下来冲洗车门框外部，打开驾驶员侧车门，自A柱向B柱冲洗门框，然后冲洗车门边缘。关闭驾驶员侧车门，冲洗轮毂、轮胎和轮毂罩。关闭行李舱盖，冲洗排雨槽以及车尾部分。以相同时间冲洗前排乘客侧。冲洗随车工具，备胎和橡胶垫等。第一次高压水枪冲洗完成		—
	清洁轮毂罩	在轮毂罩上喷洒轮毂清洁剂		—
	发动机护理	用气枪吹干引擎及点火系统，喷洒发动机护理剂		—
	香波洗车	用洗车香波清洗车身		—
	高压水枪冲洗	水枪与车身呈45°，从上往下冲水		—
	清除沥青	将沥青清洁剂喷洒在上光擦拭布上，清除车身上沥青渍		—
	黏土施工	用黏土擦均匀擦拭整个车身，去除车身上的颗粒		可搭配玻璃清洁剂作润滑
	香波洗车	用洗车香波清洗车身		—
	高压水枪冲洗	水枪与车身呈45°，从上往下冲水		—
	完成清洗操作擦干	用麂皮擦车布擦干车身，吹出缝隙里的水		—
车内清洗	前期准备	准备清洗用具（织物内饰清洁剂、油污清洁剂、玻璃清洁剂、顶级塑面清洁剂、塑料件保护剂、塑料件清洁剂、异味去除剂、软性海绵擦、强力清洁刷、超细纤维擦车布、涡旋泡沫器、神奇海绵擦、超细纤维内饰清洁布等）	—	—
	清洗行李舱、储物槽	用吸尘器清除颗粒较大的杂物后，用涡旋泡沫器配合织物内饰清洁剂向地毯喷洒，如遇顽渍可使用油污清洁剂清洁	涡旋泡沫器	记得清洁衬垫

（续）

项目	步骤	操作说明	施工工具	注意事项/提醒事项
车内清洗	清洗顶篷	用涡旋泡沫器配合织物内饰清洁剂清洁顶篷，（如遇顽渍可配合使用油污清洁剂）。然后在顶篷上喷洒织物清洁护理泡沫，用内饰清洁布擦净	涡旋泡沫器、内饰清洁布	—
	清洗仪表板	将织物内饰清洁剂喷洒在擦拭布上后擦拭仪表板，再用清洁的内饰清洁布擦干	内饰清洁布	记得清洗方向盘、烟灰缸、杂物箱及变速杆、驻车制动拉杆等区域的塑料件表面
	清洗门板	将织物内饰清洁剂喷在内饰清洁布上后擦拭门板，再用清洁的内饰清洁布擦干	内饰清洁布、神奇海绵擦	若遇顽渍可配合使用神奇海绵擦
	清洗风窗玻璃及车窗	将玻璃清洁剂喷洒在车窗或镜面上，用内饰清洁布擦净，随后用纸巾擦干	内饰清洁布	记得清洁后视镜
	清洗地毯、座椅塑料内饰	用吸尘器清洁脚垫和座椅上的杂物及灰尘后，再用涡旋泡沫器、织物内饰清洁剂配合操作，如遇顽渍则使用油污清洁剂，按以上操作顺序清洁驾驶座、前排及后排乘客座区域	涡旋泡沫器	记得清洗脚踏板
	清洗座椅	先喷洒织物内饰清洁剂，用内饰清洁布擦拭均匀，待皮椅干燥后再薄薄地喷上一层皮革护理剂，用多功能海绵擦均匀擦拭整个皮椅。处理表面较为清洁的皮质座椅，可省去使用织物清洁剂这一步骤。织物座椅用涡旋泡沫器配合织物内饰清洁剂清洁后，再喷织物清洁护理泡沫	内饰清洁布、神奇海绵擦	污渍较深的浅色皮质座椅可配合神奇海绵擦
	塑料件护理	将塑料件保护剂倒在内饰/塑料件清洁擦上再擦拭塑料件，最后用干净的内饰清洁布擦干，保持塑料件的自然光泽	内饰/塑料件清洁擦、内饰清洁布	亮光面请用亮光，亚光面请用亚光
	完成清洁	检查有无死角遗漏，物品归位	—	—
车外部护理	漆面护理	破损的漆面：去除深度划痕→去除划痕→去除眩光纹→打蜡、封釉、镀晶	—	—
		有划痕的漆面：去除划痕→去除眩光纹→打蜡、封釉、镀晶；仅有眩光纹的漆面：去除眩光纹→打蜡、封釉、镀晶	—	—
	塑料件护理	较新塑面：直接喷洒塑料件保护剂并用多功能海绵擦擦拭均匀	—	—
		陈旧塑料表面：用地毯清洁剂清除塑料件表面的污垢，均匀地喷上薄薄一层塑料修补液（黑色）并立即用润湿的上光擦车布擦拭均匀	—	—
	轮胎护理	喷洒橡胶护理液并用多功能海绵擦擦拭均匀，最后再喷上薄薄一层橡胶护理液让其自然晾干	—	—

洗车部分流程如图3-5所示。

a）全车毛巾脱水

b）外部擦拭

c）全车隙缝吹水

d）玻璃擦拭

图3-5　洗车部分流程2

五、清洗质量标准

1. 湿区（清洗区）

1）从湿区（清洗区）出来的车辆表面应全面冲洗干净，用手摸不到灰尘，没有泡沫。

2）轮胎、轮毂、底盘没有看得见的污渍、摸得到的泥沙。

2. 干区（擦拭区）

1）车漆表面：①不得存在毛巾可以擦掉的污渍；②没有水痕、水滴；③局部顽渍要用清洁剂清理干净。

2）玻璃：内外没有水渍、油渍、虫渍、水痕。

3）车内：除地板之外，其他部位都要清理到，明显的污渍要用清洁剂清理干净。

4）门边：四个门、行李舱盖、油箱盖等边框部位没有水痕、灰尘、污垢等。

5）吸尘：烟灰缸、地板、座位、变速杆、后轮挡泥板、行李舱等部位清洁干净，没有沙尘，没有垃圾。

6）轮胎：橡胶部位黑亮一致，打上轮胎蜡；轮毂没有水痕、可轻易擦掉的污渍。

7）地毯：鞋印用清洁剂进行刷洗；油渍用沥青清洁剂重点清洗；脱水后较干。

3. 洗车注意事项

（1）汽车表面污垢去除

汽车在行驶过程中会逐步沉积灰尘和污垢，因此要进行定期清洗。汽车表面污垢主要有两大类：第一类可以用水清洗，包括泥土、砂粒、灰尘等；第二类用水不易冲洗掉，包括炭烟、矿物油、胶质、铁锈和废气凝结物等。

第二类污垢一般可用去垢剂清洗。汽车去垢剂的成分主要包括表面活性剂和碱性电解质，某些去垢剂中还加入煤油、松节油、汽油等

油污去除剂

溶剂；另外，加入硅藻土可以增加清洗过程中的机械摩擦作用。

（2）汽车玻璃除冰

汽车玻璃上的雪和冰可以通过物理及化学两种除冰方式去除。

1）物理除冰。车主可以准备一个硬质塑料刮片，当然，也可用专用的玻璃冰雪铲。玻璃冰雪铲清除冰雪更加方便、快捷，而且不冻手。

> 注意：除冰雪时要防止把玻璃刮伤，塑料刮片或冰雪铲不可来回刮，应该向同一方向推。

2）化学除冰。喷雾冰雪融化剂是一种专为结冰的车窗和刮水器解冻的高速防冻喷洒浓缩液。其可在 -30℃ 以下的低温时除去冰雪，同时，防止风窗玻璃和积水部分结冰，清理后玻璃光洁，不留条痕。此外，擦拭玻璃时，不可使用擦过车漆表面的麂皮擦车布，因为防腐蚀材料的残迹会妨碍视线。

图 3-6　玻璃除冰案例

玻璃除冰案例如图 3-6 所示。

（3）车外后视镜清洗

为了减少眩目，在车外后视镜上涂有一层特殊的薄膜。为了不损坏这层防眩目薄膜，在清洗后视镜时只能用软布或擦玻璃的麂皮擦车布。必要时也可使用玻璃清洗剂或酒精，但玻璃镜面不可以用抛光剂擦拭。车外后视镜上的冰雪要尽可能用冰雪融化剂去擦，不要用硬物刮拭镜面。

（4）其他注意事项

精致洗车其他应注意的地方与准备工作如下。

1）海绵静置时，不可以沉淀在水桶底部，以免黏附桶底的泥沙。

2）夏天行驶时间较长易造成机件温度升高，不宜立即冲洗制动盘，以免制动盘热胀冷缩而导致变形。

3）冲洗散热器护罩水压不宜过高，不要直接对准散热片，以免散热片扭曲。

洗车部分流程如图 3-7 所示。

a）门板擦拭　　　　b）玻璃擦拭　　　　c）空调出风口清洁　　　　d）座椅擦拭

图 3-7　洗车部分流程 3

六、接车流程详解

1. 顾客车辆光临店面时

1）按正式的礼仪手势,指挥车主将车辆驶入施工区,并且停好定位。

2）为顾客打开车门,礼貌问候"您好,很高兴为您服务"。

3）顾客欲下车时,伸手做护头礼,待顾客下车后请顾客进入休息区域,使用规范语:"请您到里面休息"。

4）顾客已经确认交车后,要礼貌提醒顾客交接车辆钥匙,并提示:"请您不要在车上放置现金和贵重物品"。

5）如果车辆停留在店铺外面且顾客已经确定交车施工时,应请持有合法机动车驾驶证的专业人员把车辆移入施工区。

🔧 **注意:** 顾客特别交代车内某部位不用清洗的,必须尊重顾客意见,不要擅自清洗。

洗车部分流程如图 3-8 所示。

a）车内吸尘　　　　　b）脚垫归位　　　　　c）轮胎轮毂吹水

d）喷涂轮胎护理剂　　　e）擦匀轮胎护理剂

图 3-8　洗车部分流程 4

2. 车况检查及施工

1）仔细检查车身是否掉漆,划伤或有其他异状,如果状况明显应提示顾客,必要时请前台做相应记录,由顾客签字确认。

2）检查车窗玻璃是否关闭,以免冲洗车身时将水喷到车内。

3）检查完成后,将车辆钥匙交给前台,由前台按规定登记。

3. 用发动机专用清洗枪清洗发动机舱

1）发动机表面无浮尘、树枝(叶)及其他脏物。

2）发动机需要擦拭得无积尘、无明显油迹、无沙尘、树枝及其他脏物。

3）清洗发动机舱操作方法如下。

①打开发动机舱后，用发动机专用清洗枪按从上到下、从里到外的顺序进行除尘工作。如遇树枝（叶）或其他脏物多时，可使用吸尘器进行吸尘。

②用潮湿的毛巾，对发动机从上到下，从里到外擦拭，直至达到标准。

洗车部分流程如图3-9所示。

a）后视镜下缘检查

b）刮水器下缘检查

c）车门框擦拭

d）油箱盖擦拭

e）发动机舱盖擦拭

f）座椅擦拭

g）中央扶手区域擦拭

图3-9　洗车部分流程5

4. 取脚垫

1）取脚垫要求：不能让脚垫的泥沙等脏物掉进车内，注意轻拿轻放，记住每一个脚垫的位置。

2）取脚垫操作方法如下。

①从驾驶位（前排乘客位）开始做起。

②一只手拿脚垫下端中间，另一手拿脚垫的上端，将脚垫对折并平移到车外（其他部位脚垫以此方法拿取放置）。

③关闭车门。

④放置在旁边待清洗。

5. 车身打湿

两人同时取花洒用清水清洗车身，同步依次喷淋车顶、后窗玻璃、行李舱盖、后保险杠、后翼子板、后轮、后门、前门、风窗玻璃、发动机舱盖、前翼子板、前中网，将车身打湿即可。

6. 喷洒预洗液

两人同时取小喷壶喷洒预洗液，同步依次喷淋前中网、发动机舱盖、前翼子板、风窗玻璃、车顶、前门、后门、后窗玻璃、后翼子板、行李舱盖、后保险杠。主要喷洒下半车身。

7. 轮胎轮毂清洁

使用轮毂清洁刷，配合轮毂清洁剂刷洗轮毂，均匀刷洗死角缝隙后用清水冲洗干净。

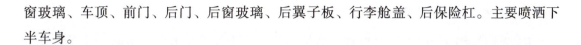
▶ 轮毂轮胎护理

8. 涡旋泡沫器吹洗边缝门边框

两名技师用内外部多功能清洁剂配合涡旋泡沫器吹洗边缝，两人同时依次从前后保险杠对角开始。

1）按顺时针方向，依次吹洗左前保险杠、前中网、车灯缝隙、右前翼子板缝隙、右侧刮水器玻璃缝隙、车顶缝隙、右前后车门、右前后车门边框、右后翼子板缝隙。

2）按顺时针方向，依次吹洗右后保险杠、行李舱盖缝隙、左后翼子板缝隙（包括油箱盖）、车顶缝隙、左前后车门、左前后车门边框、左侧刮水器玻璃缝隙、左前翼子板缝隙。

🔧 注意：所有步骤按对角顺时针方向同时进行，保持速度的同步性。

9. 高压水冲洗、脚垫清洗

（1）A 人员高压水冲洗

冲洗要求：水枪喷出的水柱与车身表面呈 45°夹角。

冲洗顺序：依次从车顶→后窗玻璃→行李舱盖→左后翼子板→左后轮舱→左后车门→后保险杠→右后翼子板→右后轮舱→右后车门→右前车门→右后视镜→前风窗玻璃→发动机舱盖→右前翼子板→右前轮舱→前保险杠中网→左前翼子板→左前轮舱→左后视镜→左前车门。

🔧 注意：着重冲洗前中网、轮拱、底盘中的泥沙，尽量减少水的飞溅，重点冲洗部位是腰线以下。冲洗轮胎位置时，应适当调整水枪的冲力，然后把枪头伸进轮拱部位，彻底冲洗存留在轮拱上的污垢。

（2）B 人员脚垫清洗

B 人员用高效清洁枪或涡旋泡沫器将脚垫清洗干净。

10. 喷洗车香波

用涡旋泡沫器将洗车香波均匀喷洒到车身上。

11. 用洗车海绵全车擦洗

1）先用海绵a，两人同时擦拭，擦拭部位依次为发动机舱盖、中网、前保险杠、前翼子板、后视镜、A柱风窗玻璃、前车顶、前门、后车顶、后门、后翼子板、后窗玻璃、行李舱盖、后保险杠（用海绵a擦拭前后保险杠、前后翼子板、前后车门时，都擦拭到上部2/3处，下部留1/3）。

2）再用海绵b由前到后擦拭前后保险杠、前后翼子板、前后车门剩下的1/3部分。

🔧 注意：保持动作的同步性。海绵a为常用的车身清洁海绵，海绵b为清洁较为脏污处的海绵。

12. 弱水冲洗

两人同时取麂皮擦车巾和花洒，同步依次冲洗车顶、后窗玻璃、行李舱盖、后保险杠、后翼子板、后轮、后门、前门、后视镜、风窗玻璃、发动机舱盖、前翼子板前中网；

🔧 注意：保持动作的同步性。

13. 麂皮擦车巾全车吸水

两人取麂皮擦车巾，同时从发动机舱盖开始吸水，吸水部位依次为发动机舱盖、风窗玻璃、车顶、后窗玻璃、行李舱盖、后保险杠、后翼子板、后门、前门、前翼子板、前中网，再用大毛巾由前向后将车身擦干。

🔧 注意：保持动作的同步性。

14. 车辆外部吹水

两人同时取吹气枪，一人从左前车灯，一人从右后尾灯位置开始，对角按顺时针方向开始吹缝隙的水，重点为前后保险杠、门把手、后视镜缝隙的水。

15. 擦拭玻璃边框及门边框

先将前后车门打开，将前后车窗玻璃降下，用涡旋泡沫器配合门边毛巾清洁玻璃边框，再擦拭门边框。

🔧 注意：前后门铰链、B柱部位必须擦拭干净。

16. 用涡旋泡沫器吹洗内饰

1）从驾驶位开始，用涡旋泡沫器进行吹洗，对物体表面进行擦拭。

2）前排吹洗顺序：顶篷→方向盘→仪表板→座椅→安全带→门板→置物格。

3）后排吹洗顺序：顶篷→后排座椅→安全带→前排座位背面→门板→置物格。

4）吹洗要求：无积尘、无手印、地毯边无鞋印，无明显积垢。

17. 玻璃清洁

用玻璃清洗剂配合玻璃擦拭专用毛巾由两人从外到内依次从风窗玻璃开始同步擦拭。

清洁顺序：风窗玻璃外侧→风窗玻璃内侧→前门车窗玻璃外侧→前门车窗玻璃内侧→后门车窗玻璃外侧→后门车窗玻璃内侧→后窗风玻璃外侧→后窗风玻璃内侧。

🔧 注意：擦拭门窗玻璃前将玻璃升起一半，先擦拭玻璃上端，再将玻璃升起擦拭，擦拭玻璃内外侧毛巾要换面。

18. 吸尘，脚垫归位

1）驾驶位吸尘顺序：门板（注意：不可刮伤表面，可用两手指挡住吸尘器口前端）→仪表板→座椅→地毯。

2）后排座位吸尘顺序：门板→座椅→后平台→地毯。

3）行李舱吸尘顺序：后盖内侧隔声棉→地毯。

4）前排乘客位吸尘顺序：门板→座椅→中控台→烟灰缸→地毯。

5）吸尘要求：座位、地毯无积尘、泥沙、碎纸片等脏物。

6）吸尘结束后，将清洗好的脚垫，整齐地放回车厢。脚垫归位要求：平整、正确放置，放置时不能碰到内饰，有扣的要把扣扣好。

▶ 橡胶条上光护理剂

19. 上轮胎蜡

两人同时从前到后对轮胎进行打蜡，然后将轮毂擦拭干净。

20. 质检

1）施工人员先自检，特别是检查车门边、门缝、前后保险各个部位是否达标。

2）由专门的质检人员或领导验收。

21. 工具产品归位

对施工过程所使用的工具进行清洁并归位，如有产品缺失或用完必须及时补充。

22. 工位卫生

工具还原，清洁工位的卫生，保持整洁干燥无积水，方便接车。

23. 送客

1）在驾驶位地板上放置店面专用上下车脚垫，以便车主上车（如一同来人很多时，应四门都要铺放）。

2）通知前台交车（收银员在完成收费后将车辆钥匙交给顾客）。

3）当车主要上车时，为车主轻打开车门，用规范手势引导车主上车，并向车主鞠躬致敬。

4）引导顾客安全离开施工场地，目送车主离开并挥手相送。

七、汽车轮胎轮毂清洁与护理

轮毂是车辆的一个重要零部件，它起到承载车身和固定轮胎的作用。如果轮毂变形或者损坏，不仅影响车辆的整体形象，还会造成行车安全隐患，所以，轮毂的日常保养是必不可少的。

1. 汽车轮胎轮毂污染来源

正常驾驶的汽车轮胎轮毂处经常会非常脏，因为汽车轮胎在车辆行驶过程中，会直接与所行驶的路面接触。而汽车轮毂会出现黑色或褐色的粉末，而且这种黑色的污渍会附着在轮毂表面，非常难清理，这种情况是很正常的。产生这种情况的原因很简单，主要是铝合金制造的汽车轮毂对于制动片中的粉尘和空气中的一些金属粉末有着强烈的吸附能力，所以这些细小的污渍就被吸附在了汽车轮毂上。虽然这些污渍用高压水枪可以被冲掉，但是铝合金制的汽车轮毂表面还是会有一层冲刷不掉的"外套"，这层"外套"就是常见的像生锈一样的污渍。通过学习本部分即可进行轮胎轮毂专业清洁养护作业，清洁前后的汽车轮毂对比如图3-10所示。

图3-10　汽车轮毂清洁前后对比

2. 汽车轮胎轮毂护理工具与产品

常见的汽车轮胎轮毂护理工具与产品包括特级轮毂清洗剂、特级纳米轮毂镀膜喷剂、多功能清洁之星、抛光擦拭布、强力清洁刷、轮毂清洁擦、金属光亮剂等。

3.汽车轮胎轮毂护理操作流程

（1）精细清洁轮毂

1）准备好清洗轮毂所用的产品以及工具。

2）把轮毂清洗剂均匀地喷洒在轮毂表面。

3）当轮毂表面的液体呈现出褐红色时，用轮毂清洁擦仔细清洗轮毂并用花洒适当地喷水清洗干净。

4）对一些顽固的污渍用金属光亮剂清洗。

5）把多功能清洁之星均匀地喷洒在轮胎表面。

6）稍等片刻，用强力清洁刷刷洗轮胎表面，刷洗干净后，用流水冲洗干净。

（2）轮毂镀膜

1）使用高效清洁枪对轮毂进行干燥。

2）将轮毂镀膜喷剂距离轮毂20cm左右均匀喷涂在轮毂表面，直到出现小雾珠的现象。

3）稍等片刻，用油污清除剂轻轻擦拭即可。

（3）竣工

检查镀膜喷剂是否喷涂均匀。

4.汽车轮胎轮毂护理验收标准

汽车轮胎轮毂护理验收标准见表3-3。

表3-3 汽车轮胎轮毂护理验收标准

项目名称	部位	合格	不合格原因
轮胎轮毂护理	表面	□	水渍 □　污渍 □
	背面	□	水渍 □　污渍 □
	轮眉、挡泥板	□	泥沙 □
轮毂镀膜	涂抹均匀	□	镀膜剂残留 □

04

第四章
汽车内饰清洁养护

在实际车辆清洁的场景中，平时的洗车、擦车、内饰吸尘，以及简单的擦拭或养护，无法做到深度的清洁养护，主要原因是常规的洗车作业时间只有约30min，作业时间远远无法达到深度清洁养护需要的作业时间。

而车辆内饰清洁养护项目，不仅是为了使车辆看起来干净整洁井井有条，更重要的是为了去除内饰的污渍和细菌，让爱车保持干净舒适，给车主提供一个健康的用车环境。

另外，判断一款汽车内饰清洁养护使用的产品是否对内饰和环境有污染、损伤，最直观的方法就是使用pH试纸测试，看是否为中性。可借助pH试纸当面为客户介绍中性清洁剂的优势以及碱性清洁剂给汽车内饰带来的损伤。pH值色别表如图4-1所示。

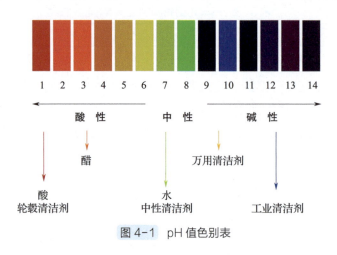

图4-1 pH值色别表

本章主要讲解汽车内饰清洁养护的汽车美容产品应用，以及汽车空调系统杀菌去异味、汽车玻璃抛光与防雾的操作流程和质量验收标准。汽车内饰清洁养护案例如图4-2、图4-3所示。

图 4-2 汽车内饰清洁养护案例 1

图 4-3 汽车内饰清洁养护案例 2

一、汽车内饰污染现象

汽车的内部空间比较狭小，存在由于车门的开关、人员的进出、抽烟、喝酒或吃一些食物所留下的气味及残渣，而且车内的丝绒和真皮等容易吸附存放在车内杂物的异味和渗出物，进而会引起大量螨虫、细菌的滋长，还会产生一些刺激性的味道。

另外，汽车内饰中的地毯、座椅、空调出风口、行李舱等处经常接触潮湿的空气或水渍，在特定的环境中，这些地方最易令细菌滋生，使内饰霉变，散发出臭气，不但影响了车内空气环境，也是会对健康造成威胁。

而行车时，由于车窗紧闭，车内所产生的异味不易排出，既影响人员乘坐的舒适性，而且在呼吸道疾病多发时期，容易加大驾驶人员身体患病的几率，甚至会增加乘车者之间病菌交叉传染的可能性，影响了驾驶员的驾驶安全。

汽车长期不清洗内饰，会使内饰老化、变色、龟裂、暗淡无光泽，损坏原内饰的质感。而产生以上问题后再做内饰清洁，就很难再彻底解决问题。

进行汽车内饰的清洁、杀菌、除臭等，可以有效地防止各种污物对车内，比如地毯、真皮座椅、纤维织物等的腐蚀。能提高汽车的使用寿命，确保车主、乘客的健康。

二、汽车内饰清洁方法

一般在进行洗车时，会进行简单的汽车内饰清洁擦拭与吸尘作业。重视汽车内饰清洁项目的门店，会采用清洁剂进行擦拭。倘若车主内饰需要进行深度清洁，门店就会采用专业的工序，除了使用专用的清洁剂，还会搭配所需的养护剂，利用相关的工具、设备，让整个汽车内饰清洁作业做得更彻底。由于门店类型的不同，采用的清洁方式和内容搭配不同，以下为市面上通用的方法。

1. 清洁方法

1）清洗剂清洗：使用专业清洗剂擦洗车内各部位，清除污垢。

2）车内桑拿：作为一种全新的汽车内饰清洗方式，利用高温蒸汽桑拿机喷射蒸汽清洗，实现最佳的车内消毒和杀菌功效，被誉为最为彻底的汽车内饰清洗方式。

3）臭氧杀菌：利用臭氧发生器，制造臭氧离子吸附细菌，达到杀菌目的。

4）毒物分离：使用专业的毒物分离剂喷散在脚垫下面和车内的死角处，然后把空调调到内循环模式，车辆运行 10min，这样清洁车辆内饰的效果会更好。

汽车内饰清洁养护案例如图 4-4 所示。

图 4-4　汽车内饰清洁养护案例 3

2. 汽车内饰主要清洗部位

（1）地毯

只要使用车辆，地毯处就会被很多人踩，特别是在雨天的时候，乘客经常将雨水以及一些污渍带入车内，等到雨水干了就残留在地毯上，而且脏乱程度也一目了然，特别是对于一些使用浅色地毯的车辆，更是明显。在清洁方面，可以用吸尘器先把尘土清理干净，然后喷上适量的洗涤剂，根据脚垫的脏污程度，使用相应的抹布擦干净。

（2）座椅

座椅作为与乘客接触最频繁的部位，经常会残留许多污渍以及杂物，有些乘客在车内吃饭时会掉落一些食物残渣或者饮料。对于不同类型的座椅有不同的清洁方式，如果是普通织物座椅，可以用普通清洁剂进行清洗；如果是真皮座椅，应该采用专门的清洁剂，而且不能用刷子直接刷，而且日常最好对真皮座椅进行保养。汽车座椅清洁案例如图 4-5 所示。

a）将泡沫清洁剂喷在软毛刷上　　b）对皮革座椅进行刷洗

图 4-5　汽车座椅清洁案例 1

（3）方向盘

车辆的方向盘一定要清洗干净，而且要经常清理。方向盘经常被握着，比较容易脏，汗渍也多，容易影响驾驶心情。如果方向盘粘手，还会造成很大的安全隐患。在清洗方向盘的时候，添加些中性的清洗剂可以洗得更干净。

（4）中控台

中控台经常要用手去触碰，不免粘上污渍。清洗中控台的时候要用中性的清洗剂和清水来清洗，这样才能清洗得更彻底。仪表盘处因为有灯光，会凸显灰尘和水渍，在清洗的时候一定要把抹布拧干再擦拭，以免造成安全隐患。

三、汽车内饰清洁用具与产品

汽车内饰清洁用具与产品包括织物/地毯/皮椅/门板清洁剂、污迹清洁剂、仪表板塑料件清洁护理剂、超细纤维清洁手套、手动储压喷壶、高密度除污神奇海绵擦、涡旋泡沫器等，定期清洁与护理内饰能延长它的使用寿命。汽车内饰清洗用具如图4-6所示。

图4-6 汽车内饰清洗用具

四、清洁施工流程

1. 作业前准备

1）首先将车辆内各处储物箱、储物盒、行李舱内的物品取出，放入公文袋中集中放置在推车上，贵重物品要求客户带走。

2）根据内饰污染程度，准备相应的工具和清洁剂产品。

3）取下车内的坐垫及头枕。

2. 取出脚垫清洗

1）取出脚垫时，注意动作轻柔，不可暴力强拆；注意脚垫原本的摆放位置，复原时不可放错。

2）取出坐垫时，注意移动座椅调整角度，拆卸过程中不可暴力强拆。

3）根据脚垫材质不同，使用不同的清洁剂进行清洁。皮革类的脚垫可用泡沫清洁剂清洗；棉质和塑料类脚垫可用水配合内饰清洁剂清洗，清洁完毕后必须脱水；化纤类脚垫可用涡旋泡沫器清洁。脚垫全部清洁完毕后，放在一处待最后按原本位置安装在车辆内，不可随意乱放。

3. 吹洗边缝及吸尘

1）清洁天窗的边缝时注意不能用力按压天窗，轨道内要清洗干净。

2）车门接合处的污渍主要是灰尘以及车门铰链位置的润滑油滴落油渍黏附灰尘形成的污渍，因而可使用高效干洗枪配合刷子进行清洁、干燥。

3）将车窗玻璃降至最低位置，用高效干洗枪清洗玻璃边框。

4）用高效干洗枪吹洗内饰的各个部位边缝。

5）座椅及地毯吸尘。

4. 后座椅处及车顶篷清洁

1）后座椅处及车顶篷通常是使用纺织材料制成，不能过度使用清洁剂清洗，因为清洁剂难以干燥，会残留形成水渍。

2）从后往前施工。

3）在需要清洁的部位喷洒织物/地毯/皮椅/门板清洁剂，配合超细纤维清洁手套擦拭，擦拭时注意不要过于用力。清洁完成后使用涡旋泡沫器干燥清洁部位。

4）车顶篷拉手用刷子配合织物/地毯/皮椅/门板清洁剂清洗（注意拉手内侧顶篷部分通常污染严重），清洗完毕后使用涡旋泡沫器干燥拉手及顶篷清洁部位。

5）清洁前排阅读灯（含眼镜盒）及天窗开关控制按钮部分，注意按钮边缝及周边死角都要清洁干净。清洗完毕后，使用涡旋泡沫器干燥，防止清洁剂渗入电器内部造成损坏。

6）清洁遮阳板及化妆镜时，需要拆开转轴连接部分，使用刷子配合织物/地毯/皮椅/门板清洁剂和内饰清洁剂进行清洁，清洁完毕后同样需要使用龙卷风吹气枪干燥。

7）对于顽固污渍，用污迹清洁剂进行清洁。

汽车座椅清洁案例如图4-8所示。

5. 仪表板及方向盘清洁

1）将仪表板塑料件清洁护理剂喷洒在高密度除污神奇海绵擦上，按由上至下的顺序擦拭，边缝位置使用刷子和高效干洗枪搭配织物/地毯/皮椅/门板清洁剂进行清洗，用毛巾配合吹气枪擦干。

a）摇匀泡沫清洁剂

b）将泡沫清洁剂喷洒在织物座椅表面

c）擦拭泡沫清洁剂

图 4-7　汽车座椅清洁案例 2

2）方向盘是可调节其前后、上下位置的，需要调整到最大角度，以便清洁隐藏部位；起动发动机，转动方向盘以清洁不同位置。

3）仪表板周围的空调出风口的角度也是可调节的，需要调整到不同角度以便清洁隐藏部位。

> 注意：塑料内饰件出现破损、脱落情况的，不可使用吹气枪或高效干洗枪对其清洁，会导致其因压力过大而进一步损坏，使用其他工具清洁时，注意不可力度过大。

6. 中控台清洁

1）将仪表板塑料件清洁护理剂喷洒在纳米海绵上，按由上至下的顺序擦拭，边缝位置使用刷子和高效干洗枪搭配内饰清洁剂进行清洗，采用毛巾配合吹气枪擦干。

2）将内饰清洁剂喷洒在毛巾上，对汽车音响主机、导航仪液晶屏等位置进行清洁，用干毛巾配合吹气枪擦干。

3）杂物箱、变速杆区域、点烟器、中控台周围内饰塑料件、驻车制动器、后排空调出风口、后排中央点烟器、后排中央储物盒使用上述方法清洁、擦干。

7. 座椅及安全带清洁

1）座椅一般有真皮座椅和织物座椅两类，其清洁方法略有不同。

2）真皮座椅的清洁方法是将织物/地毯/皮椅/门板清洁剂及内饰清洁剂喷洒在纳米海绵上，按由上至下的顺序擦拭，边缝位置使用刷子、高效干洗枪配合内饰清洁剂进行清洗，用毛巾配合吹气枪擦干。

3）织物座椅的清洁方法略有不同，根据座椅的污染程度，使用污迹清洁剂优先去除较严重的污渍，然后使用高效清洁枪配合织物/地毯/皮椅/门板清洁剂进行清洗，注意内饰清洁剂的用量不能过大,否则会导致溶剂渗入座椅内部难以干燥产生异味。

4)清洁完毕后,使用湿式吸尘器清除座椅表面水分,配合吹气枪、高效干洗枪进行干燥。

5)座椅头枕如果可以拆卸,需拆卸下来清洁(头枕背面装有液晶显示器的不可拆卸),使用与座椅相同的方法清洁、干燥。

6)电动座椅导轨、方向调节控制按钮、座椅侧安全气囊标志容易残留灰尘,清洁时需要注意,使用与座椅相同的方法清洁、干燥。

7)如果安全带高度是可调节的,需要将安全带高度依次调至最高位置和最低位置,使用刷子配合内饰清洁剂进行清洁、使用吹气枪、高效干洗枪进行干燥。

8)安全带的清洁方法与织物座椅的清洁方法相同。

汽车座椅清洗前如图4-8所示,汽车座椅清洗后如图4-9所示。

图4-8 汽车座椅清洗前

图4-9 汽车座椅清洗后

汽车座椅清洗前后对比如图4-10所示。

a)座椅清洗前　　　　　　b)座椅清洗后(下部)与清洗前(上部)对比

图4-10 汽车座椅清洗前后对比

8. 车门内饰部分清洁

1）将仪表板塑料件清洁护理剂喷洒在纳米海绵上，按由上至下的顺序擦拭，边缝位置使用刷子、高效干洗枪配合内饰清洁剂进行清洗，用毛巾配合吹气枪擦干。

2）车门开关内侧的隐藏部位、扶手部位、车窗玻璃升降按钮、手柄部位内侧、车窗部分以及车门储物处的角落部位应仔细清洁。

3）车门音响不能用吹气枪和高效干洗枪直接对其清洁，会因为气压过大造成音响故障。

图 4-11　车门内饰清洁

车门内饰清洁如图 4-11 所示。

🔧 **注意**：开启车门后关闭车内阅读灯，防止过度放电；不可长时间开启车门。

车门内饰清洗前后对比如图 4-12 所示。

a）车门内饰已清洗（左侧）与未清洗（右侧）对比 1

b）车门内饰已清洗（左侧）与未清洗（右侧）对比 2

图 4-12　车门内饰清洗前后对比

9. 内饰地毯清洁

1）确认地毯的污染程度，使用污迹清洁剂优先去除较严重的污渍，然后使用龙卷风配合织物/地毯/皮椅/门板清洁剂进行清洗，注意织物/地毯/皮椅/门板清洁剂的用量不能过大，否则会导致溶剂渗入地毯内部难以干燥产生异味。

2）清洁完成后，待其自然干燥。如不易自然干燥，可使用车内空调暖风加热 30min 加速干燥。

10. 行李舱清洁

1）清除行李舱槽内的树叶及大块泥沙，然后用水配合刷子清洗行李舱槽。

2）将行李舱下的备胎、工具箱取出。

3）使用吸尘器清洁备胎区、工具箱位置边缝部位的灰尘、砂粒、小杂物后，使用湿毛巾配合内饰清洁剂进行擦拭。

4）备胎清洗及上光完成后应归位。

5）使用吸尘器清理行李舱表面及接缝部分的灰尘、砂粒等污物后，确认污渍的污染程度；使用高效清洁枪配合织物/地毯/皮椅/门板清洁剂进行清洗；其他部分使用刷子、湿润毛巾配合内饰清洁剂擦拭清洁，使用吹气枪、高效干洗枪干燥。

11. 竣工检验

1）将车内物品放回原位，整理行李舱。
2）根据检验标准进行检查。

12. 注意事项

部分小部件（空调口、变速杆区域）的清洗，可以使用小毛刷蘸取少许内饰清洁剂轻轻擦拭。汽车内饰清洗前后对比如图4-13所示。

a）中央扶手已清洗（左侧）与未清洗（右侧）对比　　b）后排座椅已清洗（左侧）与未清洗（右侧）对比

图4-13　汽车内饰清洗前后对比

五、清洁质量标准

内饰清洁质量标准见表4-1。

表4-1　内饰清洁质量标准

项目名称	部位	合格	不合格原因			
脚垫	正面	□	水渍□	污渍□	砂粒□	灰尘□
	背面	□	水渍□	污渍□	砂粒□	灰尘□
天窗	正表面	□	水渍□	污渍□		
	边缘部分	□	水渍□	污渍□		
	拉手	□	水渍□	污渍□	灰尘□	
	导轨	□	水渍□	污渍□	灰尘□	
顶篷	驾驶座区域	□	水渍□	污渍□		
	驾驶座拉手	□	水渍□	污渍□	灰尘□	
	前排阅读灯（含眼镜盒）及天窗开关控制按钮部分	□	水渍□	污渍□	灰尘□	

（续）

项目名称	部位	合格	不合格原因
顶篷	遮阳板、化妆镜	□	水渍□ 污渍□ 灰尘□
	左后座区域	□	水渍□ 污渍□
	左后座拉手	□	水渍□ 污渍□ 灰尘□
	中部阅读灯	□	水渍□ 污渍□ 灰尘□
	右后座区域	□	水渍□ 污渍□
	右后座拉手	□	水渍□ 污渍□ 灰尘□
	前排乘客座区域	□	水渍□ 污渍□
	前排乘客座拉手	□	水渍□ 污渍□ 灰尘□
	前排乘客座遮阳板、化妆镜	□	水渍□ 污渍□ 灰尘□
A柱	A柱	□	水渍□ 污渍□ 灰尘□
	A柱安全气囊标志	□	水渍□ 污渍□ 灰尘□
仪表板	仪表板表面	□	水渍□ 污渍□ 灰尘□
	仪表板表面按钮	□	水渍□ 污渍□ 灰尘□
	仪表板空调出风口	□	水渍□ 污渍□ 灰尘□
	仪表板周围内饰塑料件	□	水渍□ 污渍□ 灰尘□
	仪表板上方内饰件	□	水渍□ 污渍□ 灰尘□
	仪表板灯光控制部分	□	水渍□ 污渍□ 灰尘□
	仪表板下方储物盒	□	水渍□ 污渍□ 灰尘□
方向盘	方向盘正面	□	水渍□ 污渍□ 灰尘□
	方向盘标志、安全气囊标志	□	水渍□ 污渍□ 灰尘□
	方向盘多功能媒体控制按钮	□	水渍□ 污渍□ 灰尘□
	方向盘背面	□	水渍□ 污渍□ 灰尘□
	方向盘伸缩部位	□	水渍□ 污渍□ 灰尘□
	灯光控制杆	□	水渍□ 污渍□ 灰尘□
	定速巡航控制杆	□	水渍□ 污渍□ 灰尘□
	刮水器控制杆	□	水渍□ 污渍□ 灰尘□
中控台	中控台出风口	□	水渍□ 污渍□ 灰尘□
	中控台音响	□	水渍□ 污渍□ 灰尘□
	中控台液晶显示屏	□	水渍□ 污渍□ 灰尘□
	中控台DVD出入口、DVD控制按钮	□	水渍□ 污渍□ 灰尘□
	中控台空调控制旋钮	□	水渍□ 污渍□ 灰尘□
	点烟器、烟灰缸	□	水渍□ 污渍□ 灰尘□
	变速杆	□	水渍□ 污渍□ 灰尘□ 砂粒□
	变速杆区域	□	水渍□ 污渍□ 灰尘□
	驻车制动器、电子驻车制动器	□	水渍□ 污渍□ 灰尘□
	杯架	□	水渍□ 污渍□ 灰尘□ 砂粒□

（续）

项目名称	部位	合格	不合格原因			
中控台	中央储物箱	□	水渍□	污渍□	灰尘□	砂粒□
	中央储物箱扶手	□	水渍□	污渍□	灰尘□	
	中控台周围塑料内饰件	□	水渍□	污渍□	灰尘□	
	后排空调出风口	□	水渍□	污渍□	灰尘□	
	后排中央点烟器	□	水渍□	污渍□	灰尘□	
	后排中央储物盒	□	水渍□	污渍□	灰尘□	砂粒□
	后排中央控制台按钮	□	水渍□	污渍□	灰尘□	
	后排中央控制台周围塑料件	□	水渍□	污渍□	灰尘□	
座椅	头枕	□	水渍□	污渍□	灰尘□	
	头枕连接部位	□	水渍□	污渍□	灰尘□	
	靠背	□	水渍□	污渍□	灰尘□	
	座垫	□	水渍□	污渍□	灰尘□	砂粒□
	座垫储物盒	□	水渍□	污渍□	灰尘□	砂粒□
	座椅控制按钮	□	水渍□	污渍□	灰尘□	
	座椅控制按钮周围塑料件	□	水渍□	污渍□	灰尘□	
	座椅扶手	□	水渍□	污渍□	灰尘□	
	后排中央扶手	□	水渍□	污渍□	灰尘□	
	后排中央扶手杯架	□	水渍□	污渍□	灰尘□	砂粒□
	后排中央扶手储物盒	□	水渍□	污渍□	灰尘□	砂粒□
	靠背储物盒	□	水渍□	污渍□	灰尘□	砂粒□
	安全带卡扣	□	水渍□	污渍□	灰尘□	
	座椅导轨	□	水渍□	污渍□	灰尘□	
安全带	B柱织物部位	□	水渍□	污渍□	灰尘□	
	安全带高度调节按钮	□	水渍□	污渍□	灰尘□	
	安全带表面	□	水渍□	污渍□	灰尘□	
	安全带卡扣	□	水渍□	污渍□	灰尘□	
车门结合处	车门密封橡胶条	□	水渍□	污渍□	灰尘□	砂粒□
	车门铰链	□	水渍□	污渍□	灰尘□	砂粒□
	车门开度限位器	□	水渍□	污渍□	灰尘□	砂粒□
	车门线束密封胶	□	水渍□	污渍□	灰尘□	砂粒□
	门锁卡扣	□	水渍□	污渍□	灰尘□	砂粒□
车门内饰部分	车窗框	□	水渍□	污渍□	灰尘□	
	车门开关	□	水渍□	污渍□	灰尘□	
	车门扶手	□	水渍□	污渍□	灰尘□	
	车门手柄	□	水渍□	污渍□	灰尘□	

（续）

项目名称	部位	合格	不合格原因			
车门内饰部分	车门储物盒	□	水渍□	污渍□	灰尘□	砂粒□
	车门音响	□	水渍□	污渍□	灰尘□	
	车窗玻璃升降控制按钮	□	水渍□	污渍□	灰尘□	
内饰地毯	制动踏板	□	水渍□	污渍□	灰尘□	砂粒□
	加速踏板	□	水渍□	污渍□	灰尘□	砂粒□
	内饰地毯表面	□	水渍□	污渍□	灰尘□	砂粒□
	脚垫固定卡扣	□	水渍□	污渍□	灰尘□	
	迎宾踏板	□	水渍□	污渍□	灰尘□	砂粒□
行李舱	备胎、工具箱区域	□	水渍□	污渍□	灰尘□	砂粒□
	行李舱表面	□	水渍□	污渍□	灰尘□	砂粒□
	行李舱固定卡扣	□	水渍□	污渍□	灰尘□	
	行李舱音响	□	水渍□	污渍□	灰尘□	
	行李舱照明灯	□	水渍□	污渍□	灰尘□	
	行李舱内饰塑料件	□	水渍□	污渍□	灰尘□	
	行李舱锁扣	□	水渍□	污渍□	灰尘□	油渍□
	行李舱电动升降按钮	□	水渍□	污渍□	灰尘□	

六、汽车内饰养护

一定程度上，汽车就是我们出行在外时的门面。车如其人，评价一辆车的好坏不能只看外表是否光鲜，更要注重的是"内涵"。内饰是汽车与我们身体接触多的部分，乘坐时间久了身体难免会把内饰弄脏。而车内的清洁往往很容易被忽略，汽车内饰如果脏、乱、差，就容易滋生细菌，将带来不少健康隐患。

汽车内饰清洗前如图4-14所示，汽车内饰清洗后如图4-15所示。

图4-14　汽车内饰清洗前

图4-15 汽车内饰清洗后

1. 清洁产品与工具

常见的清洁产品与工具包括至尊特级皮革清洁膏、至尊特级皮革护理精华露、仪表台塑料件清洁护理擦、高密度除污神奇海绵擦。

2. 施工流程

（1）作业前准备

1）首先将座椅内储物盒、靠背储物盒内的物品取出放入公文袋中，集中放置在推车上，贵重物品要求客户带走。

2）根据内饰污染程度，准备相应工具和清洁产品。

（2）座椅清洁

1）使用吸尘器清洁座椅接缝部位，同时调整座椅靠背角度以便清洁隐藏部位的灰尘、细微杂物，调整座椅前后位置以便清洁隐藏在座椅下方的灰尘、杂物。

2）将皮革清洁膏喷洒在高密度除污神奇海绵擦上，按由上至下的顺序擦拭，擦拭后用半干毛巾擦干，边缝位置使用牙刷刷洗。

3）座椅头枕可以拆卸的，应拆卸下来清洁（头枕背面装有液晶显示器的不可拆卸），使用与座椅清洁相同的方法清洁、干燥。

4）电动座椅导轨、方向调节控制按钮、座椅侧安全气囊标志容易残留灰尘，清洁时需要注意，使用与座椅清洁相同的方法清洁、干燥。

▶ 皮革护理剂

🔧 提醒：使用皮革清洁膏的时候用量应适当，在施工之前要在不明显的地方进行测试，确保无误后方可使用。

（3）护理剂的使用

将真皮护理剂挤在仪表板塑料件清洁护理擦上，然后均匀涂抹在真皮部分即可。

（4）竣工检查

将车内物品放回原位。

皮革镀膜效果对比如图4-16所示。

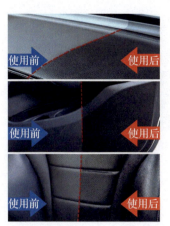

a）座椅皮革未镀膜（左侧）与已镀膜（右侧）对比　　b）座椅皮革已镀膜（下方）与未镀膜（上方）对比

图 4-16　皮革镀膜效果对比

3. 检验标准

汽车内饰养护验收标准见表 4-2。

表 4-2　汽车内饰养护验收标准

项目名称	部位	合格	不合格原因			
座椅清洁	头枕	□	水渍□	污渍□	灰尘□	
	头枕连接部位	□	水渍□	污渍□	灰尘□	
	靠背	□	水渍□	污渍□	灰尘□	
	坐垫	□	水渍□	污渍□	灰尘□	砂粒□
	坐垫储物盒	□	水渍□	污渍□	灰尘□	
	座椅控制按钮	□	水渍□	污渍□	灰尘□	
	座椅控制按钮周围塑料件	□	水渍□	污渍□	灰尘□	
	座椅扶手	□	水渍□	污渍□	灰尘□	
	后排中央扶手	□	水渍□	污渍□	灰尘□	
	后排中央扶手杯架	□	水渍□	污渍□	灰尘□	砂粒□
	后排中央扶手储物盒	□	水渍□	污渍□	灰尘□	砂粒□
	靠背储物盒	□	水渍□	污渍□	灰尘□	砂粒□
	安全带卡扣	□	水渍□	污渍□	灰尘□	
	座椅导轨	□	水渍□	污渍□	灰尘□	
护理剂使用	护理剂涂抹均匀	□	护理剂残留□			
竣工检查	恢复原状	□	物品遗漏□			

🔧 备注：部分车辆的内外塑料件老化，可通过塑料件镀膜剂（图 4-17）快速使该物件恢复原有的黑色光泽，同时可实现防水防污的功能。塑料件护理前后对比如图 4-18 所示。

图 4-17 塑料件镀膜剂

图 4-18 塑料件护理前后对比

七、汽车空调系统护理

有些车内总会弥漫着一种难闻的异味,这是因为冷凝水与空气中的灰尘一起附着在蒸发器表面,空调系统内潮湿阴暗的角落成为霉菌大量繁殖的温床。时间一长,只要打开空调,便有源源不断的霉味扑面而来。通过学习本节可以为空调系统有异味的车辆进行养护。

1. 汽车空调系统污染来源

对于那些平时不太注意清洗空调系统的车主来说,在车辆使用了 1~2 年后,夏天进入车内,打开空调后,便会传来一股难闻的酸腐气味。要想避免空调异味,就要从防止空调系统受潮发霉入手。另外,在条件允许的情况下,经常开车窗通风,或在环境空气比较好时使用外循环,也是保持车内空气清新的有效方法。

汽车内饰消毒案例如图 4-19 所示。

a)前排座椅消毒过程

b)后排座椅消毒过程

c)中央扶手消毒过程

图 4-19 汽车内饰消毒案例

2. 汽车空调系统护理工具与产品

空调系统除菌剂、车内异味去除剂。

3. 汽车空调系统护理注意事项

1)进行汽车空调系统护理项目之前,需先将内饰清洁完毕。

2)汽车空调系统护理项目施工完毕后,必须打开车门通风约 5min。

4. 汽车空调系统护理操作流程

（1）内饰除菌

1）起动车辆，关闭全部车窗玻璃，开启空调。

2）将车内空调调到最低温度。

3）空调运行模式为内循环模式。

4）风速调到最高。

5）送风模式调成上下送风。

6）往前移动驾驶员座椅和前排乘客座椅。

7）前排座椅靠背往前倾斜。

8）将空调系统清洁除菌剂放在前排乘客座椅后方。

9）按下空调系统清洁除菌剂的按钮，咔哒一声后开始喷出烟雾。

10）车辆及空调保持起动状态，关闭车门，等待约 15min。

11）15min 后车辆熄火，打开所有车门通风约 5min。

（2）去异味

1）先把车内异味去除剂喷在皮椅及门板的不明显处，观察是否脱色。

2）确保无误后把车内异味去除剂均匀地喷洒在门板、座椅、顶篷及脚垫上，并把其表面喷湿。

3）待其表面干燥后用干净的半干毛巾擦拭干净即可。

（3）竣工

恢复驾驶员座椅和前排乘客座椅位置。

汽车消毒杀菌如图 4-20 所示。

图 4-20　汽车消毒杀菌

5. 汽车空调系统护理验收标准

汽车空调系统护理验收标准见表 4-3。

表 4-3　汽车空调系统护理验收标准

项目名称	部位	合格	不合格原因
内饰抗菌	内饰	□	不按流程操作□　有异味□
竣工	座椅	□	座椅未恢复位置□

第五章
汽车漆面护理

汽车外表美观可能是很多人对汽车的第一点要求，当然，汽车外表的养护也是汽车养护重要的一部分，也就是汽车表面油漆的保养。汽车漆面养护需要清洁剂、增艳蜡、表板蜡、黏胶去除剂等汽车清洁养护用品作为辅助。汽车漆面养护需要坚持，以达到更好的养护效果。

不同的漆面状况采用不同的护理项目，例如增加漆面硬度和平滑度，提高防污性能，隔绝外界酸雨、鸟粪等的腐蚀，可以选择长效防护的镀晶项目。针对旧车可以先通过抛光作业彻底翻新，然后选择镀晶、镀膜或打蜡等，使漆面起到色彩增艳、增亮的效果。针对将漆面状况基本良好的车辆，通过水晶镀膜或其他产品来进行漆面护理。

本章主要讲解汽车漆面护理的汽车美容产品应用，如抛光工具、设备和产品，主要用以处理漆面不同程度的氧化、划痕、褪色等。镀膜前后水倾斜角差异如图 5-1a、图 5-1b 所示。

一、汽车漆面污染来源

汽车在使用了一段时间之后，漆面或多或少会因环境因素而氧化，如果不及时采取有效的方法对漆面氧化进行处理，轻则会影响到汽车的外观装饰性，重则会导致轿车漆面穿蚀，而最终腐蚀车身钢板。有些人认为，只要经常洗车、打蜡就够了，其实洗车、打蜡只能清除车身表面的尘埃，根本无法将渗透至漆膜的氧化物完全清除。只有及时采取有效措施，对漆面氧化进行处理，才能减缓或阻止漆面继续氧化，让汽车在整个使用过程中保持如新。当漆面经过护理后，漆面的疏水度会有所变化，会呈现如荷叶般的疏水效果，如图 5-1c 所示。

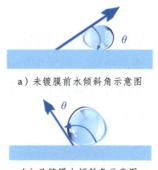

a）未镀膜前水倾斜角示意图

b）已镀膜水倾斜角示意图

c）荷叶疏水效果

图 5-1 镀膜前后水倾斜角差异及镀膜效果

二、汽车漆面氧化识别方法

检测汽车漆面氧化程度最好的方法是使用感光测试仪，但它属于专用设备，一般车主还不具备使用该设备条件。而最简易实用的方法还是用水进行检测。汽车漆面氧化程度的检测方法介绍如下。

首先用脱蜡洗车液对车体进行一次彻底清洁；然后用干净的半湿毛巾将车体擦干，切记不能用麂皮擦车布代替毛巾；最后用水管将清水均匀喷洒到车体两次，并观察车漆表面的水纹流动情况。

1. 汽车漆面氧化程度

（1）汽车漆面标准

A 级标准：汽车漆面光泽度极佳，显现出优良的流水效果，并向两边斜下方有规律地快速流淌，无过水痕迹。

B 级标准：汽车漆面光泽度很好，显现出良好的流水效果，切割水平面的过程中留有少许水珠。

C 级标准：汽车漆面光泽度较好，显现出无规律的流水效果，并在切割水平面后，车漆表面留有较多水珠。

（2）氧化程度标准

A 级氧化：汽车漆面呈亚光色，表面存在树胶、沥青、虫尸、水痕等残留的氧化物，并有明显的不规则块状斑点。

B 级氧化：汽车漆面光泽度较低，日光下在侧面观察，车漆表面呈现出有规律状的蜗纹，有少许树胶、虫尸等残留物。

C 级氧化：汽车漆面光泽度不高，无残留氧化物，表面无切水线，呈现无规律状流淌，并存有少许小块不规则水纹。

（3）处理汽车漆面氧化的方法

由于漆面氧化的程度各不相同，所以在处理时也应该采取不同的方法。漆面为 C 级氧化时，可使用专业不脱蜡洗车液来洗车，可减缓车漆的氧化，但无法阻止它氧化；漆面为 B 级氧化时，使用微切抛光剂进行抛光来去除；漆面为 A 级氧化时，就需要使用抛光剂来清除漆面上的氧化层。汽车美容抛光工具如图 5-2 所示。

图 5-2　汽车美容抛光工具

2. 氧化具体处理方法

（1）C 级氧化

C 级氧化属于比较轻微的氧化，具体处理方法如下。

1）将车体用脱蜡洗车液彻底清洗并擦干。

2）用研磨机配合还原剂对其进行抛光，或直接进行修复、还原。

3）抛光后无须擦拭，用抛光巾将边棱拐角处残留的抛光膏清除。

4）将车蜡均匀涂抹于漆面，然后用打蜡机抛光即可，边棱拐角处用干净柔软的擦拭布清除干净。

（2）B 级氧化

B 级氧化程度相对于 C 级氧化要重一些，因此其处理方法稍有不同，需要使用微切抛光剂进行抛光，具体方法如下。

1）将车体用脱蜡洗车液清洁，无须擦干。

2）使用抛光剂对漆面进行抛光。

3）用脱蜡洗车液将车体再次进行清洗，洗掉残留的抛光剂后擦干车体。

4）用研磨机配合还原剂对漆面进行还原，并将边棱拐角处残留的抛光膏清除。

5）将车体均匀涂抹上车蜡，然后用打蜡机进行抛光，并将边棱拐角处残留的车蜡用抛光巾清除。黄色海绵上抛光蜡的正确方式如图 5-3 所示。

图 5-3　黄色海绵上抛光蜡的正确方式

SONAX 抛光技巧 1

（3）A 级氧化

达到 A 级氧化程度，说明车漆氧化十分严重，进行处理时需要使用抛光剂来清除漆面上的氧化层，具体方法如下。

1）将车体用脱蜡洗车液彻底清洁，无须擦干。

2）先使用黏土把漆面的氧化层和污染物做深度清洁。注意黏土的清洁性。

3）使用抛光剂对车体漆面进行抛光。

4）用脱蜡洗车液清洁车体，洗掉残留的抛光剂后擦干车体。

5）再用研磨机配合抛光剂对漆面进行抛光。

6）用脱蜡洗车液清洁车体，洗掉残留的抛光剂后擦干车体。

7）用研磨机配合还原剂对漆面进行还原，并将边棱拐角处残留的抛光剂清除。

8）将车漆表面均匀涂抹上车蜡，然后用打蜡机抛光，最后将边棱拐角处残留的车蜡用毛巾清除。汽车漆面抛光案例如图 5-4 所示。

图 5-4　汽车漆面抛光案例 1

三、汽车漆面美容护理用品

汽车漆面美容护理用品包含电动研磨机、抛光海绵、研磨剂、抛光剂、增光剂、还原剂、镀膜、镀晶产品与毛巾等。在进行漆面抛光作业前，必须熟悉用品的特性，便于操作和使用。

1. 普通漆研磨剂

这种研磨剂中含有坚固的浮岩颗粒作为研磨材料。根据其磨料颗粒的大小可分为微切型、中切型和深切型三类。根据普通漆面的氧化、划痕、褪色等缺陷的程度选择使用。这里要特别指出的是，浮岩磨料的特点是坚硬、抛光速度快，在抛光过程中不会发生质的变化。所以，浮岩磨料用在透明漆抛光中，会把透明漆很快磨掉。因此，它不适用于透明漆。

普通漆微切研磨剂（不含硅氧烷）适合于各种普通漆的去氧化、去划痕处理，是大部分微型车的理想抛光材料；普通漆中切抛光剂（不含硅氧烷）选用特殊的研磨材料，用于除去普通漆面的严重氧化、中度划痕、擦伤等，是大部分微型车理想的研磨材料；普通漆深切研磨剂（不含硅氧烷）为砖红色膏状研磨剂，抛光能力强，用于处理喷漆过程中产生的一些涂层缺陷，如桔皮、失光等，也可以用于处理深度划痕，通常比较适合五年以上车龄的车辆使用。汽车漆面研磨案例如图 5-5、图 5-6 所示。

图 5-5　汽车漆面研磨案例 1

图 5-6　汽车漆面研磨案例 2

2. 透明漆研磨剂（通用型）

透明漆研磨剂和普通研磨剂的区别在于抛光材料上有了很大的进步，以微晶体物和全合成磨料或陶土代替了传统的浮岩磨料，能够在一定的热量下通过化学反应变小或变无，对车漆的损伤很小。透明漆抛光剂同样也适用于普通漆的抛光，只是在抛光的速度上远不如普通漆抛光剂。目前国内可见到的透明漆抛光剂分为三种，即微切型、中切型、深切型。

透明漆微切研磨剂（不含硅氧烷）由高科技抛光材料配制而成，由于研磨材料的颗粒非常细小，对透明漆的损伤很小，主要用于去除透明漆的中度氧化及 P1200~2000 砂纸的划痕。透明漆中切研磨剂（不含硅氧烷）是用摩擦产生的热能来达到抛光效果的，磨得深，又不损伤透明漆层，是当今化学研磨氧化痕迹和划痕的最佳用品。透明漆深切研磨剂（不含硅氧烷）被称为"超级抛光剂"，是唯一可与固体膏状强力研磨剂相媲美的液体研磨剂，对漆面的损伤很小。使用该研磨剂处理过的表面，很容易还原出诱人的光泽，它是目前使用量最大的抛光剂。

3. 抛光剂

抛光的目的是获得车漆的光泽度，其作用是消除研磨工序造成的细微划痕（如发丝划痕），并处理车漆的轻微损伤与污斑，如酸雨形成的斑点及石灰、水泥、漆点等，为还原打蜡做好准备。从抛光的目的和作用可知，抛光时所用的抛光剂也是含有研磨材料的研磨剂，只是所含磨料的颗粒更细。这里要说明的是，抛光蜡含有磨料和光蜡，而抛光剂不含光蜡，为了与车漆美容工序相同，可以把含有光蜡的抛光剂称为还原剂，而还原剂的作用是使抛光效果再上一个台阶。

一般可以通过三种途径达到抛光的目的。一是靠研磨材料把漆面上的细微划痕除掉；二是依靠光蜡的功效，在抛光到一定程度后，用蜡的光泽来弥补抛光的不足；三是靠化学反应，依靠研磨机的转速来调节温度，从而使抛光剂与漆面之间发生化学反应，来消除细微划痕，让车漆显出其本身的光泽。汽车漆面抛光案例如图5-7所示。羊毛盘上抛光蜡的正确方式如图5-8所示。

▶ SONAX 抛光技巧2

图5-7　汽车漆面抛光案例2

图5-8　羊毛盘上抛光蜡的正确方式

4. 增光剂

增光剂和抛光剂的唯一区别是增光剂中含蜡。它们二者在使用上的区别在于抛光剂不含蜡，可检验抛光的质量，而增光剂的抛光作用就差一些。增光剂因含有蜡质，也可以认为它是一种二合一的产品（即抛光与打蜡同时进行），可缩短操作时间，这也是汽车拍卖行喜欢使用增光剂的原因，而且许多经营二手车的人，也喜欢使用增光剂。但使用增光剂的车辆光泽保持时间不长，接触几次水后就会流失。有许多专业护理人员喜欢在抛光之后，把增光剂作为打蜡前的最后一道工序，进一步提升抛光的效果。

增光用品中常用到的增光剂和增艳剂是一种黏稠的乳状物，有宜人的香味，明黄色，内含抛光剂和天然蜡，具有抛光和打蜡双重功效，常作为抛光处理的后续产品，以增加车身漆面的艳丽程度。该产品常用于新车上光（新车不存在漆面损伤），二手车翻新，电镀表面、不锈钢表面的上光。

5. 还原剂

还原剂可以彻底消除抛光作业后车漆表面留下的发丝划痕、抛光盘印迹等，使打蜡前的车漆恢复漆面原有的光泽,使抛光成果再上一个台阶。还原剂实际上也是一种抛光剂,只是它的抛光效果更佳,且含有光蜡,增强了抛光后的镜面效果。还原剂有通用型还原剂、普通漆还原剂和金属漆还原剂等。

在前面介绍的护理用品中,常提到不含硅氧烷,因为技师一般选择不含硅氧烷的研磨材料。硅氧烷是一种硅氧树脂,加到研磨材料中可起到抗水、抗高温和增光的作用,能有效地防止车漆氧化,但硅氧烷树脂若飘落于漆面,喷涂时会出现浮漆、鱼眼等漆膜缺陷。但并不是说技师不能使用含硅氧烷的材料,只是使用时要格外注意。汽车漆面抛光案例如图 5-9 所示。

图 5-9　汽车漆面抛光案例 3

四、车漆涂层表面可处理的瑕疵

汽车美容可处理的漆面涂层瑕疵如下。

1. 小刮痕

涂层表面伤及清漆层,但未伤及色漆的刮痕。小刮痕原因及处理步骤见表 5-1。

表 5-1　小刮痕原因及处理步骤

原因	处理步骤
1)重物放在平面漆上,拉动时留下的痕迹 2)行驶时和树枝接触留下的痕迹 3)停车时被不明物体刮伤 4)轻微擦撞所留下的痕迹 5)洗车未先冲水,较大砂粒所留下的痕迹 6)人为破坏	1)使用 P1500 砂纸分次打磨去除刮痕 2)使用 P2000 砂纸手工修饰 3)使用棉纸布和粗蜡用手推打蜡至 80% 砂纸痕不见 4)使用 1800~2200r/min 的研磨机配合粗蜡海绵、粗蜡抛光至砂纸细痕不见 5)使用 1800~2200r/min 的研磨机配合中蜡海绵、粗蜡抛光至粗蜡细痕不见 6)用棉纸布均匀地为抛光区域涂抹细蜡 7)用棉纸布擦除细蜡、擦亮抛光区域

2. 垂流

垂流产生的原因及处理步骤见表 5-2。

表 5-2 垂流产生的原因及处理步骤

原因	处理步骤
1）喷涂时，未能彻底清洁使得附着力降低 2）喷涂时，选用比预期慢干的稀释剂 3）喷涂时，加入过多稀释剂 4）喷涂时，距离过近或喷涂不均匀 5）喷涂过厚，静置时间不足 6）使用过大口径喷枪 7）喷涂时，温度过低或车体温度过低	1）使用 P1500 砂纸打磨垂流区域 2）使用 P2000 砂纸手工修饰 3）使用棉纸布和粗蜡用手推打蜡至 80% 砂纸细痕不见 4）用 1800~2200r/min 的研磨机配合粗蜡海绵、细蜡海绵抛光至砂纸细痕不见 5）用 1800~2200r/min 的研磨机配合中蜡海绵、细蜡海绵抛光至粗蜡细痕不见 6）用棉布纸均匀地为抛光区域涂抹细蜡 7）用棉布纸擦除细蜡，擦亮抛光区域

3. 柏油污染

柏油污染是在车身两侧漆面的下半部出现柏油的小黑点。柏油污染产生的原因及处理步骤见表 5-3。

表 5-3 柏油污染污染产生的原因及处理步骤

原因	处理步骤
1）行驶于新铺的柏油路上 2）下雨天行驶于柏油路上 3）行驶于路面不平的柏油路面上 4）行驶于有积水、水坑的柏油路上	1）使用柏油清洗剂润湿受污染区域 2）给予 5~10min 软化柏油的时间 3）使用棉纸布擦拭清洁 4）用棉纸布均匀地为清洁区域涂抹细蜡 5）用棉纸布擦除细蜡、擦亮漆面

4. 鸟粪痕

鸟粪痕是鸟粪在漆面停留过长时间后，漆面受到鸟粪中的盐分侵蚀所留下的痕迹。鸟粪在漆面停留过长时间，约 2~3 天后，鸟粪本身的酸性和盐分会对漆面造成侵蚀，使漆面形成小小的鸟粪大小的痕迹，鸟粪痕处理步骤如下。

1）使用 P2000 砂纸对鸟粪痕迹整平，修饰。

2）使用棉纸布蘸粗蜡，用手推打蜡至 80% 砂纸痕迹不见。

3）用 1800~2200r/min 的研磨机配合粗蜡海绵、粗蜡抛光至砂纸痕迹不见。

4）用 1800~2200r/min 的研磨机配合中蜡海绵、中蜡抛光至粗蜡痕迹不见。

5）用棉纸布均匀地为抛光区域涂抹细蜡。

6）用棉纸布擦除细蜡，擦亮抛光区域。

🔧 **注意**：车漆腐蚀严重时需要重新喷涂。汽车漆面抛光案例如图 5-10 所示。

图 5-10　汽车漆面抛光案例 4

5. 鱼眼

鱼眼指在未干的涂膜表面布满许多小细孔,这些小细孔有时可以看到底材。鱼眼产生的原因及处理步骤见表 5-4。

表 5-4　鱼眼产生的原因及处理步骤

原因	处理步骤
1)被涂物表面清洁不完全 2)清洁时使用脏布清洁表面、导致二次污染 3)喷涂时压缩空气中含有水分和油 4)烤漆房内吸入空气中含有硅分子	1)依比例调和清漆和硬化剂,利用清漆将鱼眼孔填满 2)等清漆完全干燥后,用 P1500~2000 砂纸打磨平整清漆 3)使用 P2000 砂纸手工修饰 4)使用棉纸布沾上粗蜡,用手推打蜡至 80% 砂纸细痕不见 5)用 1800~2200r/min 的研磨机配合粗蜡海绵、粗蜡抛光至砂纸细痕不见 6)用 1800~2200r/min 的研磨机配合中蜡海绵、中蜡抛光至粗蜡细痕不见 7)用棉纸布均匀地为抛光区域涂抹细蜡 8)用棉纸布擦除细蜡,擦亮抛光区域

🔧 备注:鱼眼严重时需要重新喷涂。

6. 掉漆

掉漆是漆层受到外力撞击后,形成见到底漆层的小洞。掉漆产生的原因及处理步骤见表 5-5。

表 5-5　掉漆产生的原因及处理步骤

原因	处理步骤
1)停车时,前、后保险杠碰撞 2)开车门时不小心碰撞 3)行车时被弹起的小石子打到漆面 4)人为破坏	1)检视漆膜受损情形,如有生锈,可用除锈的方法处理 2)查看车身漆膜的色漆号码 3)依色漆号码找出相同颜色的色漆 4)用水彩笔将色漆填补与受损的漆面

🔧 备注:同色色漆可回原厂取得。

7. 漆层污染

漆层污染是漆层表面附着许多细小颗粒。漆层污染产生的原因及处理步骤见表 5-6。

表 5-6　漆层污染产生的原因及处理步骤

原因	处理步骤
1）汽车制动产生的铁粉 2）排放废气中的氧化物 3）空气中的喷漆飘落的漆粉 4）来自鸟粪、柏油、树脂等的污染	1）先用清水对漆层表面进行清洗 2）使用黏土配合水管和喷雾器，一边洒水，一边使用黏土轻轻擦拭 3）用吸水布擦拭清洁漆面 4）用棉纸布均匀地为清洁区域涂抹细蜡 5）用棉纸布擦除细蜡，擦亮清洁区域

8. 漆膜老旧

漆膜老旧是漆面表层所留下的岁月痕迹，如氧化、细微刮伤、光亮丧失、表面脏污等。漆膜老旧产生的原因及处理步骤见表 5-7。

表 5-7　漆膜老旧产生的原因及处理步骤

原因	处理步骤
1）电动洗车痕迹 2）长期的日晒雨淋留下的痕迹 3）不正确手工洗车留下的痕迹 4）不正确上蜡留下的痕迹 5）长期未对漆面清洁、保养留下的污垢 6）受到化学腐蚀或来自路面的污染	1）使用 1800~2200r/min 的研磨机配合羊毛轮、粗蜡抛光至瑕疵不见 2）使用 1800~2200r/min 的研磨机配合中蜡海绵、中蜡抛光至粗蜡痕不见 3）使用 1800~2200r/min 的研磨机配合细蜡海绵、细蜡抛光至漆面光亮为止 4）用棉纸布均匀地为抛光区域涂抹细蜡 5）用棉纸布擦除细蜡、擦亮抛光区域

9. 酸雨痕

酸雨痕一般是直径约为 5mm，呈现不规则近似圆形的水渍痕迹，而且均匀密布于平面漆面。其产生原因是汽车长期停放于室外，雨水形成水滴附着于平面漆面上，在阳光下形成凸透镜原理，雨水本身的酸性和车身外表的污染物经过太阳加温，对漆面造成伤害，留下水渍痕迹。酸雨痕处理步骤如下。

1）使用 1800~2200r/min 的研磨机配合羊毛轮、粗蜡抛光至瑕疵不见。汽车漆面抛光案例如图 5-11 所示。

2）使用 1800~2200r/min 的研磨机配合中蜡海绵、中蜡抛光至粗蜡痕不见。

3）使用 1800~2200r/min 的研磨机配合细蜡海绵、细蜡抛光至漆面光亮为止。

4）用棉纸布均匀地为抛光区域涂抹细蜡。

5）用棉纸布擦除细蜡、擦亮抛光区域。

图 5-11 汽车漆面抛光案例 5

🔧 备注：酸雨痕迹太深时，需要重新喷涂。

10. 桔皮

清漆层喷涂时流展性不佳会导致桔皮现象出现。桔皮产生的原因及处理步骤见表 5-8。

表 5-8 桔皮产生的原因及处理步骤

原因	处理步骤
1）喷涂时压力过大或过小 2）选用比预期干得更快的稀释剂 3）使用的喷枪喷嘴过大 4）加入过多催化剂 5）加入过多鱼眼剂 6）未依正确比例调和稀释剂，使得油漆黏度过高 7）喷涂时周围温度不当	1）使用 6in（152cm）偏心轴 3mm 研磨机，配合 P1000 砂纸，打磨漆面去除桔皮 2）使用 1800~2200r/min 的研磨机配合羊毛轮、粗蜡抛光至瑕疵不见 3）使用 1800~2200r/min 的研磨机配合中蜡海绵、中蜡抛光至粗蜡细痕不见 4）使用 1800~2200r/min 的研磨机配合细蜡海绵、细蜡抛光至漆面光亮为止 5）用棉纸布擦除细蜡、擦亮抛光区域

五、漆面失光的处理方法与注意事项

自然氧化严重或细微划痕导致的失光，漆面无明显划痕，并没有伤及底漆，通常采用研磨抛光的方法进行处理，处理工序及其作用如下。汽车漆面抛光前后对比（右侧为抛光后）如图 5-12 所示，汽车漆面抛光案例如图 5-13 所示。

图 5-12 汽车漆面抛光对比 1

图 5-13 汽车漆面抛光案例 6

1. 清洗车辆

1）洗车（依照精致洗车流程），注意重点部位：轮弧的凹陷处、轮弧内沿、挡泥板、底盘、裙边、后视镜内侧，特别是车顶应彻底清洁。

2）擦干车辆（依照快速洗车流程），注意重点部位：轮弧的凹陷处、后视镜内侧、标志、前后保险杠、车牌等。

3）吹干（利用风枪，出风口必须保护，避免划伤汽车漆面），注意重点部位，即容易含水的配件，如车顶压条、门外水切、后视镜、门饰条、门的夹缝、门外把手、前后保险杠、标志。

4）环车检视车辆外观划痕的多寡及深浅。

5）检查漆面有无氧化层、铁屑等污染物，可利用黏土和铁粉去除剂清除，若车辆为白色可使用美容漂白剂。

2. 新车处理方法

一般车辆出厂一年之内都可称为新车。这种车辆的车漆仍较亮丽，划痕较少，可以直接利用抛光蜡做漆面整平，达到镜面效果，处理流程如下。

1）上保护蜡，更换黑色海绵上一层或两层保护蜡，选用细蜡布下蜡。

2）使用气动打磨机上釉蜡，选用细海绵均匀涂抹漆面，注意力道均匀。

3）喷上水晶镀膜剂，做法是使用喷枪把水晶镀膜剂均匀喷洒在漆面上。

4）静待 20~30min，等待漆面出现白色绒毛状结晶体时，使用半干的干净柔软擦拭布擦拭漆面。

🔧 备注：水晶镀膜剂可以跟其他保护蜡结合使用，能起到更好的疏水作用。

3. 半新车处理方法

一般出厂一年至五年的车辆可称为半新车，半新车的处理流程如下。

1）观察漆面并清除划痕，如果漆面氧化层过于粗糙，可使用铁粉去除剂清除漆面氧化痕。

2）可利用黏土配合水磨的方式进行漆面清洁。

3）重度抛光使用重度研磨剂，选用电动研磨机，将转速调到 1500r/min，装上黄色海绵盘，用较大的切削力使漆面上的划痕、凸起物被研磨平整。

4）中度抛光。将转速调到 1800r/min，装上绿色海绵盘，使划痕及重度抛光时产生的海绵盘切割细纹被研磨整平。这个时候，漆面摸起来应感觉光滑顺畅。

5）细致抛光。选用细致抛光蜡，电动研磨机转速调至 2200r/min，装上细致白色海绵盘，注意温度以及漆面的清洁，力道要轻，涂料不要过量，一次抛光范围与肩同宽，以小区域方式施工，均匀抛光整个漆面。一般这时漆面已达到镜面效果，超出出厂的亮度要求。汽车漆面抛光案例如图5-14、图5-15所示。

图5-14　汽车漆面抛光案例7

图5-15　汽车漆面抛光案例8

6）上两道保护蜡，可选择漆面亮度还原蜡或巴西棕榈液体蜡，将电动研磨机转速调至2500r/min，选用黑色细海绵盘，力道轻盈，均匀涂抹保护蜡。

7）利用喷枪把钻石疏水膜均匀喷涂于车漆表面，静待20~30min，观察钻石疏水膜与漆面进行化学反应的结晶体产生情况，漆面出现白色绒毛状结晶体表示已完成。

8）利用半湿细致毛巾做擦拭动作。这时候漆面硬度已经达到2H，并具有疏水的功能，在下雨的时候，雨水会在漆面上形成水珠，当车辆行驶时，水珠能自动滚落脱离，把漆面灰尘带走，达到自我清洁的功能。汽车漆面抛光对比如图5-16、图5-17所示。

▶特级漆面光洁护车素

图5-16　汽车漆面抛光对比2

图5-17　汽车漆面抛光对比3

4. 旧车处理方法

车龄超过五年的车辆称为旧车，旧车的处理流程如下。

1）注意深浅划痕的处理，必要时对漆面要以黏土或铁粉做漆面氧化层的处理。若车辆为白色可以使用美容漂白剂做漆面漂白处理。

2）重度抛光。选用电动研磨机，转速定在1500r/min，选用黄色海绵获取最大切削力，以小区域范围做漆面抛光，注意海绵不能太干，以免造成二度划痕。同时，也应注意海绵湿度，应便于施工。

3）中度抛光。将电动研磨机转速定在 2000r/min，选用中硬度绿色海绵盘，注意漆面的清洁，以小区域施工方式为主。注意上蜡切勿过多，以免飞溅污染，造成材料浪费。中度抛光以去除轻划痕为主，目的是让漆面达到平整滑顺。

4）细致抛光。选用白色细致海绵，将电动研磨机转速定在 2500~3000r/min，小区域均匀涂抹漆面，注意海绵盘的清洁，选用细致蜡毛巾涂蜡，力道要轻，以免划伤漆面，这时候漆面达到镜面效果。

5）上一道至二道密封蜡，可达到疏水效果。选用气动研磨机，粘上黑色海绵盘，以匀涂抹的动作施工，下蜡时以干净柔软的擦拭布小心擦拭。

6）上一道水莲水珠蜡以达到疏水的效果。

7）利用喷枪把水晶镀膜剂均匀喷洒于车漆表面，静待 20~30min，观察车漆表面是否有白色绒毛状结晶体出现。白色绒毛状结晶体出现则表示水晶镀膜剂与车漆发生化学反应，更能够渗入车漆内形成疏水效果，而且具有自我清洁的功能，水珠能自动滚落脱离，把漆面灰尘带走。

5. 补修漆车处理方法

该类车刚从修理车间烤漆出来，因此，漆面状况比较特殊，桔皮、垂流等现象经常可见。

1）选用 P2000 砂纸做局部打磨（打磨时以水作为润滑剂，以去除桔皮、垂流及去除喷漆前打磨时产生的 P1500 砂纸痕）。

2）利用重度研磨剂做第一次抛光整平漆面，使用电动研磨机，转速定为 1500~1800r/min，选用硬度较高的黄色海绵，以便获取最大的切削力，其目的是消除水砂纸产生的磨痕，整平漆面凸起物，处理桔皮、垂流之类的漆面缺陷。

3）中度抛光，其目的最主要是消除前一道研磨剂所留下的磨痕及切削后的轻微划痕，以达到整平漆面的效果。

4）抛光选用电动研磨机，转速定为 2200r/min，选用细致白色海绵，力度宜轻，海绵以半湿为宜，以小范围施工方式均匀抛光，注意漆面的清洁，避免产生二次划痕。这时候检查漆面，应该达到如镜面般明亮的效果，人站在旁边，倒影清晰，表示漆面有深层的明亮度。

5）上一道至二道密封蜡或水晶镀膜剂以达到疏水的效果，形成疏水的保护膜，有效地隔离紫外线辐射，防止漆面的老化、酸雨的侵蚀以及污染物附着。汽车漆面抛光对比如图 5-18 所示，汽车漆面抛光案例如图 5-19 所示。

图 5-18 汽车漆面抛光对比 4

图 5-19 汽车漆面抛光案例 9

6）将水晶镀膜剂均匀喷洒于车漆表面，静待 20~30min，观察车漆表面是否有白色绒毛状结晶体产生，漆面出现白色绒毛状结晶体表示已完成。

🔧 **提醒**：从事以上这些工作的施工人员应重视身体健康，在施工中应佩戴口罩，一般打蜡以佩戴活性炭口罩为主，抛光作业须佩戴 N95 口罩防止粉尘吸入肺部。

6. 漆面研磨及抛光注意事项

研磨与抛光属同一类护理作业，它们使用的设备及操作方法基本相同，区别在于使用的护理用品及作业的目的不同。研磨用品中所含研磨材料颗粒较大，抛光用品中所含研磨材料颗粒较小。研磨是当油漆表面出现氧化、轻微失光或细小划痕时进行的护理作业，抛光是研磨后的一道工序，用于去除打磨痕迹。汽车漆面抛光案例如图 5-20、图 5-21 所示。

▶ SONAX 抛光技巧 3

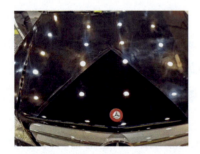

图 5-20 汽车漆面抛光案例 10

图 5-21 汽车漆面抛光案例 11

（1）研磨

研磨的目的是修复划痕、去除氧化膜、网纹及去除无法清洗掉的污渍，使汽车漆膜表面相对平整光滑。研磨应选用研磨剂，研磨剂研磨材料颗粒较大，可将车身表面不平漆面或粗粒磨去，使车身表面漆膜平滑细腻、漆层变薄。研磨必须在车体洗净后进行，操作方法近似汽车打蜡，具体研磨的方法如下。

1)将车身清洗干净,待水分晾干后,仔细检查有无残留的尘土砂粒。

2)用美容黏土打磨漆面,直到没有黑污垢。

3)选用附有羊毛底盘垫的研磨机,仔细检查底垫上是否粘有异物,以免划伤漆膜。

4)用机器研磨剂进行全车研磨,施工时,将适量的研磨剂挤、涂在羊毛底盘垫上,对漆面进行研磨,在有划痕和网纹处可多使用一点研磨剂或研磨时间长些,但需要掌握好力度,否则会击穿漆层。

5)使用研磨机在进行漆面作业时或在塑料件及补过漆的部位研磨时,需要掌握好研磨机施压的力度,电动机转速不可超过 2000r/min。

6)对无法使用研磨机处理的部位,可用棉布蘸少许手工研磨剂,均匀地摩擦漆面,然后用干净的软布擦去漆面上经研磨留下的粉状沉积物。

🔧 注意:一般重度研磨剂(粗蜡)的主要成分以重度研磨材料、溶剂、树脂、水组成,因为研磨剂内的研磨材料颗粒较粗,对于烤漆完毕的车辆可以去除 P1500 砂纸打磨所产生的砂纸痕。施工中以半干湿的轮盘研磨效果其佳,研磨机转速应控制在 1500~1800r/min,海绵盘应选用中硬度海绵轮盘,注意研磨区域的清洁以及海绵盘的清洁,漆面温度切勿太高。

(2)抛光

研磨后,应选用抛光剂进行全车抛光,以除去漆面上更细小的划痕及研磨所遗留的研磨痕等,使漆面达到光洁如镜的程度。抛光方法与研磨大致相同。

一般抛光剂都不含研磨颗粒,如果有的话也是极小的粒径,能够去除细纹(划痕),施工时须注意转速,选择较细的海绵盘,漆面温度不宜太高,施工时无须施加重压力。汽车漆面抛光案例如图 5-22、图 5-23 所示。

图 5-22 汽车漆面抛光案例 12

图 5-23 汽车漆面抛光案例 13

▶ SONAX 抛光技巧 4

🔧 注意:抛光施工之前,车漆表面须清洁。

1）轻度抛光注意事项如下。

①轻度抛光时，使用力道微弱，研磨剂中所含的研磨颗粒较细，因此，此工序主要的任务是去除上一道研磨所遗留下的细微划痕、海绵轮痕以及油痕。

②轻度抛光转速与重、中度研磨的转速不同，可以稍微加快，施工中应注意查看划痕的去除情况。

③轻度抛光转速约2200~2800r/min。

④用干净柔软的擦拭布由上而下、由左至右地擦拭，注意擦拭布上的清洁度。以轻微力道沿直线在同一个方向擦拭，同一个位置切勿来回擦拭，以避免蜡粉颗粒刮伤漆面。

2）镜面抛光注意事项如下。

①抛光蜡主要是将更细微的划痕，如发丝细纹消除或覆盖，因此，抛光剂内起作用的研磨颗粒用手搓揉几乎也不会感觉到。

②抛光剂搭配不同性质的海绵盘可呈现不同的研磨效果。在抛光时，只需将研磨机均匀覆盖即可。

③打蜡范围不要过大，一般在约与肩同宽，长度约为手臂长度（400mm×400mm）的区域范围内涂抹抛光蜡。

④使用抛光蜡抛光后，会在漆面上形成一层保护膜。抛光时要注意研磨机转速、漆面的温度变化、海绵盘的清洁度，抛光时施压的力道要轻。

⑤用干净柔软的擦拭布由上而下、由左至右地擦拭，注意擦拭布上的清洁度。以轻微力道沿直线在同一个方向擦拭，同一个位置切勿来回擦拭，以避免蜡粉颗粒刮伤漆面。抛光后擦拭漆面如图5-24所示，汽车漆面抛光案例如图5-25所示。

图5-24 抛光后擦拭漆面

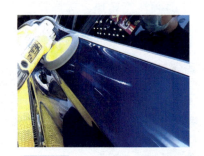

图5-25 汽车漆面抛光案例14

⑥利用清洁布和风枪（风枪喷嘴需有保护措施，避免敲到车身漆面造成损坏）吹除车身表面上的蜡粉。

（3）研磨机的安全操作注意事项

1）研磨机开机或关机时绝不能接触工作表面。

2）作业时，右手紧握直把，左手紧握横把，由左手向作业面垂直用力，转盘与作业面保持基本平行。

3）在研磨机完全停止之前，不要放下研磨机。

4）不要对太靠近边框、保险杠和其他可能咬住转盘外沿的部位进行作业。

5）应时刻注意研磨机的电线，防止将电线卷入机器。

6）抛光时，应注意不要让灰尘飞到脸上，而应使其落向地板。

（4）细节注意事项

车辆在施工完成后，在车辆角落的部分难免会有一些小碎屑、粉尘、蜡粉、残蜡等附着在橡胶上，可以借助毛刷、毛巾、刮板等工具，将这些角落的残蜡、粉尘清除，提升车辆的整体美感。

1）发动机舱盖残蜡清除。清除汽车发动机舱盖上的残蜡一般使用毛巾和刮板。具体方法是先用毛巾包着刮板，然后将附着于发动机舱盖边缘及缝隙里的残蜡刮除，再以毛巾擦拭。

2）玻璃及汽油加入口盖残蜡清除。

①玻璃：先用毛巾包着刮板将附着于边缘的残蜡刮除，再用毛刷伸进缝隙里刷拭，将卡住的残蜡刷出，再以毛巾擦拭。

②汽油加入口盖：先用毛巾包着刮板伸进缝隙里将残蜡刮除，再把汽油加入口盖打开，把汽油加入口盖里面的蜡灰清除。

3）钣金缝隙残蜡清除。

①使用毛刷伸进缝隙里刷拭，再用毛巾擦拭。

②注意毛刷不要刷到烤漆的部分，以免造成刮痕。

4）灯壳缝隙处残蜡清除。

①灯壳缝隙通常都有防水胶条，建议使用软性的毛刷进行刷拭。

②灯壳部位由于耐磨力较强，使用毛刷时较不易被刷伤，但是要特别注意烤漆的部位不要被刷伤。汽车漆面抛光案例如图 5-26 所示，汽车漆面抛光完成效果如图 5-27 所示。

▶ SONAX 抛光效果

图 5-26　汽车漆面抛光案例 15

图 5-27　抛光完成效果

5）其他部位残蜡清除。

①车型标志：该部位的配件常有蜡或蜡粉卡在字缝里面，可以直接使用软性牙刷进行刷除。

②车牌：车牌的边缘也必须刷拭，车牌的字缝上面也常常带有残蜡卡在上面，可以使用清洁毛刷直接在上面刷拭。

6）玻璃清洁工具及清洁注意事项。

①玻璃清洁工具包括玻璃擦拭专用布和玻璃清洁剂。

②特别注意事项如下。

a）在玻璃擦拭的同时要注意玻璃表面是否有很多刮伤、异物、油膜附着，若有以上情况可以建议客户做玻璃抛光（注意风窗玻璃，若玻璃面有小裂痕，则不宜做抛光动作，因为玻璃面可能会因热胀冷缩而破裂）。

b）在擦拭风窗玻璃内侧时，要特别注意后视镜的部分，如果清洁不干净则会影响行车安全，所以要特别仔细地擦拭干净。

c）擦拭车门玻璃的内外侧时，要特别注意后视镜的部分，这会影响行车安全。某些车辆在后照镜内安装有电子设备，注意不要喷洒过量的玻璃清洁剂，以免造成电子设备失灵。

d）在擦拭玻璃内侧时，需注意是否贴有隔热膜，根据隔热膜的样式、新旧材质选择玻璃清洁剂和擦拭的力度。

e）擦拭时应先擦拭玻璃边缘，再往里大面积擦拭。

f）疏水玻璃擦拭时，力道不宜太大，不宜使用溶剂型玻璃清洁剂来擦拭，否则会造成疏水膜的破坏。（注：左右前门玻璃常为疏水玻璃，价格为一般玻璃的两倍左右。）

g）后窗玻璃内侧擦拭时尽量以从左往右或从右往左的方式来擦拭，避免把隔热膜或除雾线的接缝擦裂。

h）擦拭前风窗玻璃外侧时，先将刮水器片轻轻抬起，刮水器片的下方常会堆积许多灰尘、杂物，这部分也要特别注意擦拭干净。

7）环车检核。施工过后的车辆各部位应按一定顺序逐步检查，检视的同时带着风枪及毛巾，发现有灰尘等附着在车漆上时，可以随时清理。

需要检核的部位主要包括：车顶缝隙、风窗玻璃边条、刮水器下缘、散热器护罩、车门把、板件接缝处、车胎轮毂、车型标志、车牌、前保险杠进气口、晴雨挡下方、外水切、后视镜。漆面疏水效果如图5-28、图5-29所示。

图 5-28　漆面疏水效果 1

图 5-29　漆面疏水效果 2

8）吹蜡粉检视。确认漆面状况，检视是否有细刮伤、油影、细刮痕等问题。

要诀：蹲下身体，多角度地观察车漆上的油影、细刮痕、细刮伤是否已完全去除。

9）注意事项总结如下。

①汽车美容的主要目的是在车辆的漆面重新进行整平作业，重新形成一层保护膜，让这层保护膜可以在车漆的表面建立长期性的美化和保护效果。

②车辆完成汽车美容的施工步骤后，比较不容易造成漆面刮损。还可以告知客户一些关于漆面护理保养的须知，如洗车的动作、力道、汽车美容的时间周期，这样漆面效果的延续性就会增长。

③经过汽车美容的施工之后，再洗车时尽量不要使用自动洗车机去刷洗，因为洗车机的洗车海绵容易造成漆面的刮伤。

④虽然车漆已经有一层保护膜的保护，但是其疏水性会因为紫外线、风沙、雨水、酸、碱等因素渐渐衰退，因此，当洗车完毕后，适当地在漆面补充保护蜡，或可视汽车漆面状况做一些小修整，可以让车辆的漆面保持如新。漆面疏水效果如图 5-30 所示，汽车漆面镀膜案例如图 5-31 所示。

SONAX 纳米液体蜡

图 5-30　漆面疏水效果 3

图 5-31　汽车漆面镀膜案例

六、抛光镜面实务技巧

1. 抛光镜面处理目的、工具及要点

抛光镜面处理的主要目的是将之前颗粒研磨所造成的雾状轮痕完全去除，让漆面更平整光滑，把漆面处理到最完美的状态，这样才能继续下一个保护措施。

抛光镜面处理的工具如下。

1）研磨机，研磨机转速约为 2000~4000r/min。

2）海绵，选择较柔软的绿海绵。

3）抛光剂，选择不具艳光性质的抛光材料。

抛光镜面处理的要点如下。

1）如何检视。通过泡沫剂、清洁剂清洗车身检查漆面的划痕是否去除。

2）研磨机基本动作。使用研磨机接触有蜡的漆面时，经常会产生的现象就是研磨机海绵盘接触漆面的一刹那，由于转速及离心力的关系，使蜡飞溅到其他地方。如污染旁边的玻璃、刮水器盖板甚至工作人员的身体及衣物，造成施工后清洁工作项目的增加。因此，在使用研磨机时，应先让研磨机慢速旋转，将蜡收到海绵盘中间，让蜡先附着于海绵盘中间，如此操作，蜡就不会飞溅到其他地方。

2. 洗车、擦拭、吹干、检查

1）抛光程序完成之后，也许会发现有许多粉尘堆积在车漆的表面上。若仅用风枪并不能完全地将这些粉尘清除干净，则须利用清水（不要用任何清洁剂）将这些粉尘清洗干净。在清洗之前务必先检视一下抛光轮痕是否完全去除。

2）冲水时尽量将边缝里的粉尘、残蜡冲洗出来，如果发现粉尘卡得很紧，可以用海绵轻轻刷洗，此时漆面已经非常光滑，刷洗时注意不要再制造二次刮痕。

3）如果要检查抛光是否全部完成，可以加一些泡沫剂做清洗，但不可使用内饰清洁剂或碱性清洁剂，以免破坏车漆。

4）洗车、擦拭并吹干。各部位操作要点如下。

①车顶：以天窗为界限，天窗后方的车顶可分为四块进行抛光，天窗与上边梁所夹部分为一块，天窗前方的车顶可分为两块。

②发动机舱盖：将发动机舱盖整体以"十"字形划分为四块，各施工区块要按顺序依次施工。

③前保险杠：从前轮眉到雾灯侧边为一块，大灯与雾灯之间为一块，前牌照左右到雾灯侧边各为一块。

④前翼子板：以前轮眉上边中线为界，左右各一块，轮眉以中线为界左右各一块。

⑤后视镜：整体为一块。

⑥上边梁：以风窗玻璃下缘底边到 A 柱车顶为一块，风窗玻璃上边到 B 柱为一块，B 柱到后窗玻璃上边为一块，后窗玻璃上边到后翼子板为一块。

⑦车门：车门拉手上边以中线为界两边各为一块，车门拉手到车门饰条中间部分以中线为界左右各为一块，车门饰条到下边梁中间部分以中线为界左右各为一块。

⑧后翼子板：后轮眉上边到上边梁中间部分以中线为界左右各为一块，后轮眉为一块。

⑨行李舱：行李舱上平面平均分为三块，行李舱立面到后牌照上边以中线为界左右各为一块，后牌照左右各为一块。

⑩后保险杠：后翼子板下部为一块，后尾灯下部为一块，后牌照下部为一块。

🔧 注意：①抛光原则为从后往前，自上而下；②逢棱角边缘遇缝换面，棱角边缘即棱上、棱下、棱左、棱右，不可直接对棱角处进行重压抛光。

七、车辆各部位漆面抛光技巧与要领

车身材质不同，喷漆的处理是不同的，如在棱角棱线、边缘、夹缝等处的漆层较薄。因此，在研磨时，要注意力度，避免过度抛光而导致抛穿车漆表面的透明层。

1. 发动机舱盖

1）研磨机的硬塑料转盘尽量不要超过车身边缘的角度，以免在施工时过度抛光，造成车身漆面的损坏。

2）在抛光材料添加到车身上之后，一般先抛光大面积的部分，再修饰边缘的部分，或先修饰边缘，再回来抛光大面积的部分。

3）抛光车身边缘或夹缝时，力道可以减轻，甚至仅利用研磨机自身的质量带过即可。

4）可分区域操作，根据当时的气候、温度或漆面状况调整打磨的范围，以配合蜡的干湿区别。

5）抛光的过程中，如果漆面被抛光蜡抛出线痕，表示车漆表面带有尘粒，可以施以较大的力量，或调整蜡的湿度，便能将线痕去掉，否则在接下在抛光的过程中就难以去除。

6）抛光的时候要注意车子的棱角，不能以海绵盖过棱角做抛光，因为棱角部分的漆面较薄，在施力不平均的情况下，容易将漆面打穿。

2. 前翼子板

1）抛光的过程中，要注意翼子板边缝、边角的部分，发动机盖与翼子板的接缝处还有棱角的部分不要过度抛光。

2）轮眉下缘可能还存在有泥沙尘土，抛光时要注意轮眉边缘的抛光角度，不要将泥沙带上来，造成抛光的漆面被二度划伤。

3）接缝部分容易被过度抛光、堆积残蜡施打时要特别注意。

3. 前门

1）后视镜烤漆与车身钢板上的烤漆在硬度与附着度上是不同的，抛光时不要太用力。

2）有塑料边缘的地方防护必须做好，否则在抛光时容易伤到塑料的边缘，使其泛白。例如外水切、拉手。拉手、凹槽处因研磨机无法抛光，因此可以事后再施以手工推蜡，以提高整辆车漆面的细腻度。

3）在车门下缘塑料的部分注意不要打上蜡，以免造成泛白的现象（因为该类零件有细微的毛细孔，在打蜡时蜡会塞入毛细孔中造成泛白），在清洗上有困难，而且会增加作业时间。

4）检查的时候，可以用手去触摸是否还有细微颗粒的感觉，同时也要注意漆面上的细痕、尘粒、氧化物是否被去除掉。

5）施工后如感觉漆面有不够平整的部位，则可以再做抛光的补强，直到平整为止。

4. 车窗上缘及上水切

1）这两部分都有缝隙，尤其是上水切的胶条部分，注意在抛光的时候，不要把它磨伤，必要时胶条的部分可以做防护。

2）由于这部分的面积较小，所以注意不要让蜡卡在边缝里，或者可以将蜡涂在海绵上再用手施打的方式操作。

汽车漆面养护产品如图 5-32 所示。

图 5-32　汽车漆面养护产品 1

5. 后门

1）后门部分的操作要领及技巧同前门。

2）由于角度的关系，有些地方的抛光海绵所产生的轮痕不一定看得清楚，所以施工完成后可以将身体蹲低来多角度检视。

6. 后翼子板

1）后翼子板部位操作要领及技巧同前翼子板。

2）特别要注意是油箱盖边缝的部分，施工的时候要特别小心，当抛光时不要抛穿车漆。该部分虽然属于烤漆，但材质不一定是金属材质，有时候厂家会使用纤维增强复合（FRP）材质，所以在抛光时要特别小心。

3）当施工到油箱盖下凹线条部位时要特别留意，利用海绵盘的边缘施工，切勿将整个海绵盘覆盖上去，以免造成缝隙部位上蜡不均的现象。

汽车漆面养护产品如图 5-33 所示。

图 5-33　汽车漆面养护产品 2

7. 行李舱盖

1）行李舱盖部位有钢板、FRP、塑钢三种不同材质，这三种材质表面漆面的颜色大致上是相同的，但因材质不同，所以耐温程度是不同的。所以在抛光时要特别注意力道的轻重与机器的角度。

2）海绵盘使用一段时间之后，将会有蜡残留在上面，当太多残蜡卡在上面时，会影响抛光的切削力，或者因为脏东西卡在上面，影响打磨施工的效果。此时应将海绵拿去清洗，或使用刮板将海绵盘上面的残蜡刮除。

3）行李舱盖正面部位面积较小、棱角棱线多，抛光时要注意塑料件的部分，不要将塑料件打断或打掉了。

4）由于该部位的面积较小，施工时可选择在大面积的部位先行抛光，剩余面积小的部位，再以手工打蜡完成。

5）后保险杠部位在抛光时要特别注意，因为这部位是塑料类的材质，所以漆面不耐温、不耐磨。因此，在施工时尽量让海绵平贴于烤漆上。注意不要抛光过度而造成烧焦或掉漆。

8. 车顶

1）车顶部位需注意上水切、玻璃边缘的胶条，在抛光时不要造成伤害。

2）在抛光漆面时要超过顶盖的一半，避免施工后有遗漏的部分。

3）由于车顶处于比较高的位置，为了施力方便，可以通过座椅的高低调整施工角度。

9. 吹蜡粉（清除残蜡、粉尘）

经过抛光之后，常会有残蜡、粉尘附着在缝隙、玻璃及烤漆表面上，所以这时应在使用风枪清除这些残蜡、粉尘之后，再进行下一个步骤。汽车漆面养护产品如图 5-34、图 5-35 所示。

图 5-34　汽车漆面养护产品 3

图 5-35　汽车漆面养护产品 4

八、漆面抛光作业流程

1. 接车

1）开单登记车辆信息。

2）询问车主最近对漆面的施工情况。

2. 检查车身情况

重点检查车身漆面情况，是否有划痕、漆面龟裂、严重碰撞、掉漆的情况（包括车漆表面深划痕，车门、行李舱盖边缝掉漆、剥落，车门凹陷，前保险杠、发动机舱盖碰撞凹陷，玻璃裂痕等）。

3. 快速洗车

对车辆外观进行快速清洗，参考第三章洗车流程。

4. 漆面预处理

1）用去污黏土擦配合快速玻璃清洁剂对漆面进行处理，处理时右手五指张开，把洗车泥紧压在车身上，稍微用力，沿直线往复进行。

2）使用去污黏土时要用热水浸泡 3min 帮助其软化。

3）使用去污黏土时不要用柏油清洁剂、全能水等做润滑剂，以免损坏去污黏土。

4）去污黏土使用完毕后用热水清洗干净并放回原处。

5）对车身中下沿部位喷洒柏油清洁剂，顺序是前保险杠下沿→左侧车身下沿→后保险杠下沿→右侧车身下沿。把柏油清洁剂喷向漆面有沥青的位置，喷洒距离在 10cm 左右，待柏油清洁剂分解 1~2min 后，用毛巾对喷洒区沥青进行精细去除，并擦干净。

6）用水泥清除剂清除车身下部的水泥。

7）清除完毕后用高压枪冲洗车身。

5. 全车脱水、吹干

对清洗及预处理后的车身进行全车脱水并吹干。

6. 准备施工产品、工具

根据车身划痕情况，选用相应的工具产品，包括研磨机、抛光盘、大毛巾、擦蜡毛巾、气枪、气管、抛光蜡、美纹纸、砂纸、抛光剂、还原剂。

7. 遮蔽保护

1）遮蔽保护一般为车身塑料件外饰、橡胶材质外饰及镀铬材质外饰等。

2）遮蔽保护可有效防止抛光施工时，高速旋转的研磨机产生的抛光粉末、蜡沾在车窗或其他难以清除的部位，缩短施工后外饰的清理时间。

3）遮蔽保护可防止抛光时划伤车标、亮条、车灯罩等部位。

图 5-36 汽车漆面养护产品 5

汽车漆面养护产品如图 5-36 所示。

8. 根据抛光剂与抛光盘的搭配进行施工

1）从发动机舱盖开始抛光，按从右到左的方向开始，倒适量的抛光剂进行施工，发动机舱盖面积较大，可以按井字形进行施工，每个施工区域覆盖面积大概是 50cm×60cm。

2）抛光时，研磨机的线不可以碰到车漆，以免刮到留下划痕，应把研磨机的线搭在肩膀上或者缠绕在手臂上，研磨机抛光盘和漆面平行并紧贴车身，不能翘起抛光盘的一边用轮廓进行抛光，这样容易将漆面抛露底、变色，或达不到效果。

3）在给车身塑料部件抛光时（前后保险杠、后视镜、轮眉等部位），研磨机一定要调到低转速,因为很容易抛露底、抛穿。

4)进行全车抛光的效果检查,用毛巾擦拭车身的粉尘,检查抛光的效果,是否有残留的蜡印在车漆上,不合格的应返工。汽车漆面养护产品如图5-37所示,将汽车漆面镀膜喷涂在海绵上的操作如图5-38所示。

图5-37 汽车漆面养护产品6

图5-38 将汽车漆面镀膜喷涂在海绵上

9. 清洁

1)用吹尘枪吹净漆面上抛光剂的粉尘以及边角缝隙里的粉尘。

2)撕掉粘贴的美纹纸和遮蔽保护膜。

3)再次使用吹尘枪,吹净飘落在漆面上的粉尘。

4)用玻璃清洁剂清洁玻璃。

5)漆面用纯棉毛巾擦拭干净。

10. 车身漆面脱脂

1)脱脂的作用是清除漆面的蜡和抛光残留的原料、油渍等。为使镀晶施工达到最佳的效果,需要对漆面做脱脂处理。

2)把脱脂剂均匀地喷洒在抛光擦拭布上,然后轻轻擦拭漆面,随后用镀晶擦拭棉布擦干净,不要留下痕迹。

11. 镀晶

1)打开镀晶剂,喷洒在镀晶海绵的白色部分(注意要适量喷出,不要一次喷太多,喷洒镀晶剂的时候一定要背对着漆面)。

2)用海绵涂抹按先横、再纵交替的方法均匀地沿直线涂在漆面上,每次涂抹的面积大概是50cm×50cm,镀晶一定要在干燥无尘车间内施工,空调温度要控制在18~25℃之间。

3)当镀晶剂在车漆表面无液体时方可擦拭,擦拭时镀晶专用毛巾一定要沿对角叠起来。

4)若发现漆面有痕迹,要重新用镀晶剂涂抹产生痕迹的部位,再用镀晶专用擦拭布擦干。涂抹汽车漆面镀晶剂如图 5-39 所示。

图 5-39　涂抹汽车漆面镀晶剂

12. 镀晶 1h 后

1）打开水晶镀膜剂，喷洒在镀膜海绵上（注意要适量倒出，不要一次倒太多）。

2）用海绵涂抹应按先横擦、再纵擦交替的方法均匀地沿直线涂在漆面上，每次涂抹的面积大概是 50cm×50cm，镀膜一定要在干燥无尘车间内施工，空调温度要控制在 18~25℃之间。

3）涂抹均匀后稍等片刻方可擦拭，擦拭时镀膜专用毛巾一定要沿对角叠起来。

4）若发现漆面有痕迹，要重新使用镀膜剂涂抹产生痕迹的部位，再用镀膜专用毛巾擦拭干净。

13. 完工，全车检查效果

认真检查施工效果，漆面色泽亮丽、均匀，手感光滑，亮度和颜色均匀，漆面有镜面效果，在漆面上可清晰地反射倒影，有新车的感觉。

九、漆面抛光验收标准

漆面抛光验收标准见表 5-9。

表 5-9　漆面抛光验收标准

项目名称	部位/要求	合格	不合格原因
外观	漆面无明显划痕、无光圈，漆面均匀、无漏擦	□	未达质量要求□
	门边缝隙无残留、门边塑料件均匀无遗漏	□	未达质量要求□
	漆面没有遗留镀晶后的痕迹	□	未达质量要求□
	不允许有波浪痕	□	未达质量要求□
	不允许有砂纸印	□	未达质量要求□

（续）

项目名称	部位/要求	合格	不合格原因
外观	不允许抛变色	□	未达质量要求□
	不允许有抛光蜡印	□	未达质量要求□
	不允许有车蜡残留	□	未达质量要求□
前保险杠	前保险杠表面	□	抛光剂残留□ 蜡印□
	前进气格栅	□	污渍□ 水渍□ 灰尘□ 蜡印□
	前进气格栅镀铬件	□	抛光剂残留□ 污渍□ 水渍□ 灰尘□ 胶印□ 蜡印□
	前雾灯	□	抛光剂残留□ 污渍□
	前照灯	□	抛光剂残留□ 灰尘□ 蜡印□
	车标	□	灰尘□ 蜡印□
	前保险杠边缝	□	抛光剂残留□ 灰尘□
	车牌	□	污渍□ 水渍□ 灰尘□
后视镜	后视镜塑料件	□	抛光剂残留□ 胶印□
	后视镜镜面	□	污渍□ 水渍□ 灰尘□
左前翼子板，左前、左后车门，左后翼子板	漆面	□	抛光剂残留□ 蜡印□
	车门缝隙	□	抛光剂残留□ 灰尘□
	车窗玻璃	□	抛光剂残留□ 胶印□ 灰尘□
	车窗塑料件	□	抛光剂残留□ 胶印□ 灰尘□
	车门把手	□	抛光剂残留□ 胶印□ 蜡印□
	转向灯	□	抛光剂残留□ 胶印□ 蜡印□
	车门镀铬条	□	抛光剂残留□ 胶印□ 蜡印□
后保险杠	后雾灯	□	污渍□ 水渍□ 灰尘□
	倒车灯	□	污渍□ 水渍□ 灰尘□ 胶印□
	车标	□	污渍□ 水渍□ 灰尘□ 胶印□ 蜡印□
	后车牌	□	污渍□ 水渍□ 灰尘□ 胶印□
	倒车雷达	□	抛光剂残留□ 污渍□ 水渍□ 灰尘□
	后保险杠缝隙	□	抛光剂残留□ 灰尘□
后窗玻璃	玻璃缝隙	□	抛光剂残留□ 灰尘□
右前翼子板，右前、右后车门、右后翼子板	漆面	□	抛光剂残留□ 蜡印□
	车门缝隙	□	抛光剂残留□ 灰尘□
	车窗玻璃	□	污渍□ 水渍□ 灰尘□ 胶印□
	车窗塑料件	□	抛光剂残留□ 胶印□
	车门把手	□	抛光剂残留□ 胶印□ 蜡印□
	转向灯	□	抛光剂残留□ 胶印□ 蜡印□
车顶	天窗玻璃	□	抛光剂残留□ 胶印□ 蜡印□
	天窗玻璃缝隙	□	抛光剂残留□ 污渍□ 水渍□ 灰尘□ 胶印□

十、纳米镀晶

车辆漆面状况良好的情况下,采用纳米镀晶进行护理,可使车漆表面长效保持色泽亮丽。擦拭镀晶液如图5-40所示。

图5-40 擦拭镀晶液

镀晶施工流程如下。

(1)接车

1)开单登记车辆信息。

2)询问车主近期对漆面的施工情况。

(2)检查车身情况

重点检查车身漆面,是否有划痕、漆面龟裂、严重碰撞、掉漆的情况(包括车漆表面深划痕,车门、行李舱盖边缝掉漆、剥落,车门凹陷,前保险杠、发动机舱盖碰撞凹陷,玻璃裂痕)。

(3)快速洗车

参考第三章洗车流程。

(4)漆面预处理

1)用去污黏土擦配合快速玻璃清洁剂对漆面进行处理,处理时右手五指张开,把去污黏土紧压在车身上,稍微用力,沿直线往复进行。

2)对车身中下沿部位喷洒柏油清洁剂,顺序是前保险杠下沿→左侧车身下沿→后保险杠下沿→右侧车身下沿。把柏油清洁剂喷向漆面有沥青的位置,喷洒距离在10cm左右,待柏油清洁剂分解1~2min后,用毛巾对喷洒区沥青进行精细去除,并擦干净。

3)清除完毕后冲洗车身。

(5)全车脱水、吹干

(6)准备施工产品、工具

根据车身划痕情况,选用相应的工具产品,包括研磨机、抛光盘、大毛巾、擦蜡毛巾、气枪、气管、抛光蜡、美纹纸、砂纸、抛光剂、还原剂。

施工前漆面亮度测试如图5-41所示,施工后漆面亮度测试如图5-42所示。

图5-41 施工前漆面亮度测试

图5-42 施工后漆面亮度测试

（7）遮蔽保护

1）遮蔽保护一般为车身塑料件外饰、橡胶材质外饰及镀铬材质外饰等。

2）遮蔽保护可有效防止抛光施工时，高速旋转的研磨机所产生的抛光粉末、蜡沾在车窗或其他难以清除的部位，缩短施工后外饰的清理时间。

3）遮蔽保护可防止划伤车标、亮条、车灯罩等部位。

（8）漆面抛光

1）用强力去划痕抛光剂（5∶3）配合抛光海绵轮处理漆面划痕。

2）用超细去旋纹抛光剂（3∶6）配合中度抛光海绵轮及重度抛光海绵轮，进行漆面的提亮及处理眩光。

（9）清洁

1）用吹尘枪吹净漆面上的抛光剂粉尘以及边角缝隙里的粉尘。

2）撕掉粘贴的美纹纸和遮蔽保护膜。

3）再次用吹尘枪吹净漆面上的粉尘。

4）用玻璃清洁剂清洁玻璃。

5）漆面用纯棉毛巾擦拭干净。

（10）车身漆面脱脂

1）脱脂的作用是清除漆面的蜡和抛光残留的原料、油渍等。为使镀晶施工达到最佳的效果，镀晶前要对漆面做脱脂处理（部分快速镀晶剂可免除此作业）。

2）把脱脂剂均匀地喷洒在抛光擦拭布上，然后轻轻擦拭漆面，随后用镀晶擦拭棉布擦干净，不要留下痕迹。

（11）镀晶

1）打开纳米镀晶剂，喷洒在镀晶海绵上（注意要适量喷出，不要一次喷太多）。

2）用海绵涂抹按先横、再纵交替的方法均匀地沿直线涂在漆面上，每次涂抹的面积大概是 50cm×50cm，镀晶一定要在干燥无尘车间内施工。

3）涂抹均匀后稍等片刻方可擦拭，擦拭时镀晶专用毛巾一定要沿对角叠起来。

4）若发现漆面有痕迹，要重新用纳米镀晶剂涂抹产生痕迹的部位，再用镀晶专用毛巾擦拭干净。

（12）竣工，检查全车效果

认真检查施工效果，漆面色泽亮丽、均匀，手感光滑，亮度和颜色均匀，漆面有镜面效果，在漆面上可清晰看到倒影，像新车的感觉。

十一、镀晶作业验收标准

镀晶作业验收标准见表 5-10。

表 5-10 镀晶作业验收标准

项目名称	部位/要求	合格	不合格原因
外观	漆面无明显划痕、无光圈、晶体均匀，无漏擦	□	未达质量要求□
	门边缝隙无残留结晶、门边塑料件镀晶均匀无遗漏	□	未达质量要求□
	漆面是否遗留镀晶后的痕迹	□	未达质量要求□
前保险杠	前保险杠表面	□	镀晶剂残留□
	前进气格栅	□	污渍□　水渍□　灰尘□
	前进气格栅镀铬件	□	镀晶剂残留□　污渍□　水渍□　灰尘□　胶印□
	前雾灯	□	镀晶剂残留□　污渍□
	前照灯	□	灰尘□
	车标	□	灰尘□
	前保险杠边缝	□	镀晶剂残留□
	车牌	□	污渍□　水渍□　灰尘□
后视镜	后视镜塑料件	□	镀晶剂残留□　胶印□
	后视镜镜面	□	污渍□　水渍□　灰尘□
左前翼子板，左前、左后车门、左后翼子板	漆面	□	镀晶剂残留□
	车门缝隙	□	镀晶剂残留□
	车窗玻璃	□	镀晶剂残留□　胶印□
	车窗塑料件	□	镀晶剂残留□　胶印□
	车门把手	□	镀晶剂残留□　胶印□
	转向灯	□	镀晶剂残留□　胶印□
	车门镀铬条	□	镀晶剂残留□　胶印□
后保险杠	后雾灯	□	污渍□　水渍□　灰尘□
	倒车灯	□	污渍□　水渍□　灰尘□　胶印□
	车标	□	污渍□　水渍□　灰尘□　胶印□
	后车牌	□	污渍□　水渍□　灰尘□　胶印□
	倒车雷达	□	镀晶剂残留□　污渍□　水渍□　灰尘□
	后保险杠缝隙	□	镀晶剂残留□
后窗玻璃	玻璃缝隙	□	镀晶剂残留□
右前翼子板，右前、右后车门、右后翼子板	漆面	□	镀晶剂残留□
	车门缝隙	□	镀晶剂残留□
	车窗玻璃	□	污渍□　水渍□　灰尘□　胶印□
	车窗塑料件	□	镀晶剂残留□　胶印□
	车门把手	□	镀晶剂残留□　胶印□
	转向灯	□	镀晶剂残留□　胶印□
车顶	天窗玻璃	□	镀晶剂残留□　胶印□
	天窗玻璃缝隙	□	镀晶剂残留□　污渍□　水渍□　灰尘□　胶印□

第六章
特色汽车美容

在实际用车过程中，不仅会涉及常规的车辆清洗，还会有极大概率出现关于汽车玻璃、汽车天窗、汽车发动机外部、汽车前照灯、镀铬件和外部塑料件等部件的清洁养护需求，这些都属于汽车美容的延伸服务项目。

本章主要讲解汽车玻璃抛光与防雾、汽车天窗清洁与护理、汽车发动机外部清洁与护理、汽车前照灯翻新与护理、镀铬件抛光、外部塑料件护理等项目，从常规污染来源、工具与产品、操作流程及验收标准内容，帮助读者理解操作和应用。

一、汽车玻璃抛光与防雾

当车辆长时间行驶时，汽车风窗玻璃上会有油和油雾，一般以汽车尾气的污染物为主，这些长期附着在玻璃表面的污染物没有被清洗干净就会形成油膜，油膜的成分也比较复杂，一般以烃类物质、油脂、小颗粒为主。而油膜使用刮水器也刮不干净，这会严重影响驾驶员的驾驶视线，产生比较大的安全隐患。汽车玻璃污染与清洁如图6-1所示。

a）汽车玻璃起雾现象

b）汽车玻璃清洁操作

图6-1　汽车玻璃污染与清洁

汽车玻璃内部起雾是因为玻璃与外界相接触的温度比较低，车内的水蒸气凝结在玻璃上形成雾气，还可能是空气湿度比较大导致车窗玻璃内部形成雾气，使用抹布擦拭根本不起作用，这表示该车辆需要进行汽车玻璃深度清洁项目。

本章节主要是让读者了解如何正确地去除汽车风窗玻璃交通油膜及汽车玻璃内部起雾现象。

1. 汽车玻璃常规污染来源

1）汽车风窗玻璃交通油膜。车辆交通油膜是因为玻璃接触到空气中的油污、灰尘后，没有彻底清洗干净，长时间残留积累所形成的。油膜会影响驾驶员开车时的视线，尤其是下雨天或是夜晚，存在着比较严重的安全隐患，所以需要及时清除。油膜非常顽固，普通洗车自然是无法彻底清除的，因此要尽量长时间保持风窗玻璃的清洁，玻璃干净才能够使视线更加清晰，才能提高车辆行驶安全性。

2）汽车玻璃内部起雾现象。玻璃内部出现雾气是因为车内和车外的温度差过大，而且车内的湿度远远大于车外湿度，这种情况一般出现在冬天。出现雾气的除雾方法除了最简单地将车窗摇下清除雾气，还可以使用汽车的制热模式，打开暖风对着有雾气的风窗玻璃吹，可以将雾气消除，也可以使用空调制冷模式，制冷模式除雾和制热的模式作用是一样的，但是制冷模式除雾的时间远远多于制热模式。部分车辆有汽车玻璃防雾的功能，也能有效预防雾气形成。

2. 汽车玻璃抛光和防雾工具与产品

1）汽车玻璃抛光工具与产品包括玻璃清洁剂、特级玻璃抛光剂、玻璃抛光盘、强效去污黏土擦、手动储压水壶、气动打蜡机。

2）汽车玻璃防雾工具与产品包括玻璃清洁剂、玻璃表面防雾剂、内饰/玻璃擦拭布。

3. 汽车玻璃护理操作流程

（1）汽车玻璃抛光

1）外部玻璃清洁：①全车玻璃喷洒玻璃清洁剂，然后一手拿着海绵，一手拿着花洒，使用流水清洗，减少对玻璃的磨损和划伤；②清洗顺序为天窗玻璃→风窗玻璃→左右车窗玻璃→后窗玻璃。

2）预处理：①顺序为天窗玻璃→风窗玻璃→左右车窗玻璃→后窗玻璃）；②把玻璃清洁剂喷洒在玻璃上，右手五指张开，把黏土擦紧压在车身上，稍微用力，沿纵横网状交叉的方向依次进行处理；③按顺序进行深度清洁，并用流水冲洗干净，冲洗结束后不能见到泡沫。

3）缝隙深度清洁：①使用刷子配合玻璃清洁剂擦拭玻璃边缝，注意擦拭力度大小，清洁完毕后用流水冲洗干净；②清洁顺序是天窗玻璃→风窗玻璃→左右车窗玻璃→后窗玻璃。

4）玻璃干燥：①使用毛巾吸水，将毛巾完全打开，增加吸水面积，适时把毛巾拧干；②玻璃干燥顺序是天窗玻璃→风窗玻璃→左右车窗玻璃→后窗玻璃。

5）水分干燥：①一手拿吹气枪，一手拿绿色毛巾，开始吹玻璃缝隙里的水，玻璃缝隙里的水一定要吹干，不得有水流出；②顺序是天窗玻璃→风窗玻璃→左右车窗玻璃→后窗玻璃。

6）遮蔽保护：①根据玻璃外边框形状粘贴遮蔽胶条，做好抛光施工前的遮蔽工作；②将遮蔽胶条粘贴在无须抛光处理的车身漆面或密封胶条上，这是为了防止抛光施工时抛光剂沾在密封条和其他缝隙部位。

7）抛光：①根据玻璃面积大小将其分成2～4块区域，使用特级玻璃抛光剂配合玻璃抛光盘进行抛光，恢复玻璃的透光性，使用深蓝色毛巾擦拭多余的抛光剂；②注意抛光研磨时的力度大小；③若风窗玻璃处出现裂纹则不能进行抛光；④左右车窗玻璃的边缘可以用手配合毛巾进行抛光。

8）清洁：抛光完毕后，撕去遮蔽胶条，然后用专用毛巾配合玻璃清洁剂把玻璃擦拭干净。汽车玻璃去除油膜案例如图6-2所示。

a）去除玻璃油膜前　　　　　　　　b）去除玻璃油膜后

图6-2　汽车玻璃去除油膜案例

（2）汽车玻璃防雾

1）玻璃清洁：喷洒玻璃清洁剂于要施工的玻璃内侧表面，然后用内饰/玻璃擦拭布擦拭干净。

注意：①喷洒玻璃清洁剂的时候尽量防止喷洒在仪表板上；②擦拭玻璃表面用的内饰/玻璃擦拭布必须是干净的。

2）喷洒玻璃表面防雾剂：均匀地把玻璃表面防雾剂喷洒在要施工的玻璃（内侧）表面。

🔧 注意：尽量不要把防雾剂喷洒在仪表板上。

3）干燥：稍等片刻，然后用内饰/玻璃擦拭布把玻璃表面擦拭干净即可。

🔧 注意：①内饰/玻璃擦拭布务必要干净；②擦拭玻璃表面防雾剂的擦拭布和擦拭内外部多功能清洁剂的擦拭布要分开；③施工完毕后，把仪表板擦拭干净。

4.汽车玻璃护理验收标准

（1）汽车玻璃抛光

汽车玻璃抛光验收标准见表6-1。

▶ 浓缩雨刷精

表6-1　汽车玻璃抛光验收标准

项目名称	部位	合格	不合格原因
车内玻璃	天窗玻璃	□	边缝污渍□　抛光蜡残留□
	风窗玻璃	□	边缝污渍□　抛光蜡残留□
	左侧玻璃	□	边缝污渍□　抛光蜡残留□
	右侧玻璃	□	边缝污渍□　抛光蜡残留□
	后窗玻璃	□	边缝污渍□　抛光蜡残留□

（2）汽车玻璃防雾

汽车玻璃防雾验收标准见表6-2。

表6-2　汽车玻璃防雾验收标准

项目名称	部位	合格	不合格原因
车内玻璃	风窗玻璃	□	边缝污渍□　防雾剂残留□
	前左侧玻璃	□	边缝污渍□　防雾剂残留□
	前右侧玻璃	□	边缝污渍□　防雾剂残留□

二、汽车天窗清洁与护理

汽车天窗是汽车的一个重要的部位，一定要定期的清洁，而且还要正确地清洁，如果不注意清洁与保养，天窗容易损坏。汽车天窗一般分为全景式、外滑式、内藏式、内藏外翻式等。

1. 汽车天窗污染来源

汽车天窗使用久了，在其滑轨、缝隙中一般会有不少沙粒沉积，如不定期清理，则会磨损天窗部件。应经常清理滑轨四周，避免沙粒沉积，延长天窗密封圈的使用寿命。在清洗汽车天窗的时候一般先将天窗滑轨四周的脏东西清理掉，还要清理一下密封胶条，如果发现天窗上有油污，也要及时去除。最后把水分擦干净，还要使用润滑天窗滑轨的润滑剂，再使用密封胶条润滑剂进行保养。

2. 汽车天窗护理工具与产品

汽车天窗护理工具与产品包括天窗万用去噪声润滑剂、门边橡胶件护理剂。

3. 汽车天窗护理操作流程

1）打开所有天窗，用干净的布轻轻擦拭天窗滑轨上的灰尘（必要时，可使用疏通管道条搭配少量流水清洁天窗滑轨及排水管道）。

2）使用润滑剂润滑天窗活动部分和滑轨。

3）打开和关闭天窗数次，用布擦掉多余的润滑剂。

4）使用门边橡胶件护理剂对天窗滑轨周边的橡胶件进行涂抹，并用布擦掉多余的护理剂。

> 注意：若天窗滑轨槽内灰尘积压太多，容易将排水通道堵住，每年定期清洁可防止雨季时堵住排水通道导致的淹水现象。

4. 汽车天窗护理验收标准

汽车天窗护理验收标准见表6-3。

表6-3 汽车天窗护理验收标准

项目名称	部位	合格	不合格原因
汽车天窗	天窗滑轨槽	□	不按流程操作□
	遮蔽、防护部位	□	不按流程操作□
竣工	天窗玻璃内外部	□	护理剂残留□ 污渍□ 水渍□

三、汽车发动机外部清洁与护理

发动机在运转过程中，常见污染物是尘土、土壤和油污等。发动机呈现在我们面前的大都是旧、油、污，甚至锈迹斑斑的样子，而并不是每一位车主都会关心发动机的清洁。

汽车发动机外部护理看似简单，真正做起来是非常不容易的。在清洗过程中，需要准备专用的清洗用品和清洗工具，这样可以在保护发动机的基础上，使发动机外部得到很好的护理。汽车发动机外部清洗案例如图6-3所示。

a）喷洒专用清洁剂　　　　b）刷拭部件　　　　c）高压水枪冲水

d）发动机外部擦拭　　　　e）清洗完成

图6-3　汽车发动机外部清洗案例

1. 汽车发动机外部污染来源

当用车时间较长或行驶的路况不好时，就会发现发动机舱聚集了很多灰尘，尤其是老旧的车型，由于发动机密封不好渗出的油和灰尘混合在一起，会形成油泥覆盖在发动机周围影响散热效果。因此，每辆车都应该及时清理发动机上的污垢。

▶ 发动机和天窗清洁护理

2. 汽车发动机外部护理工具与产品

汽车发动机外部护理工具与产品包括防锈润滑剂、发动机清洗剂、发动机护理剂、发动机清洁刷、发动机清洗枪、泡沫枪等。

3. 清洗发动机注意事项

1）清洗发动机表面时，应在刷洗掉的污物未被风干前快速将其冲净，否则应使用半湿毛巾配合施工。

2）清洁发动机表面的金属部件时，可使用金属抛光剂或漆面研磨剂进行清洁，但塑料或橡胶部件则不允许使用此方法。

3）清洗后的发动机应在起动前将线路系统彻底风干。

4）发动机在上光镀膜之前，应将非原装线路重新包裹，然后进行上光护理。

5)清洗后的发动机表面应在上光镀膜之前将水分完全清除,如果在潮湿的部件表面上光镀膜,待保护剂下的水分挥发后,保护剂也会随之挥发。

6)施工完毕后,应对发动机外表进行检验,并对遗漏的地方采取补救措施。

发动机清洁镀膜施工前后对比如图6-4、图6-5所示。

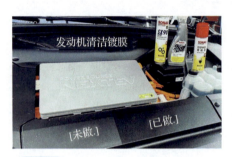
图6-4 发动机清洁镀膜施工前后对比1

图6-5 发动机清洁镀膜施工前后对比2

4. 汽车发动机外部护理操作流程

(1)作业前准备

1)根据发动机舱污染情况,选择相应的产品、工具。

2)施工人员检查仪表有无故障灯,发动机电源线接头是否出现裸露情况,发动机声音是否正常。

3)保护左右翼子板,堵住进气口,覆盖控制板、电机等易短路部位。

4)拆卸防尘板。

(2)遮蔽

1)应做好施工前的遮蔽工作,遮蔽区域是左右前翼子板、前进气格栅及前照灯、风窗玻璃及刮水器等部位。

2)沿遮蔽区域边缘,将遮蔽胶条粘贴在遮蔽区域边缘的车身漆面或车窗玻璃上,这是为了防止清洁施工时污渍沾在玻璃表面和车身漆面上。

3)清洁完毕后撕去遮蔽胶条,将遗留在漆面上的胶印去除干净。

(3)清洁

1)拍照后,将万能防锈润滑剂均匀地喷洒在点火系统电子设备、线束结合处等部位。

2）用自流水枪对发动机洒水，底部泥沙多的地方可用高压水枪冲洗。

3）使用泡沫枪加300mL发动机清洗剂（稀释后），由上到下、从外到里进行均匀喷洒（油污较重的情况下，先用喷水瓶针对性喷洒）。

4）5min后，使用羊毛手套配合发动机清洁刷、毛刷、牙刷进行发动机整体以及发动机舱盖内侧的彻底擦拭。

5）发动机缸体隙缝，管道背部及不易清洗的细节部位用发动机清洗枪来进行彻底清洁。

6）起动发动机，用高压水枪冲洗（水枪不能对火花塞、点火线圈、控制板进行直冲，下面的泥沙和边角擦拭不到的地方应冲洗干净）。

7）使用吹水枪对火花塞边角、电器、电控、电线插头首先吹干，确认无误后再对整个发动机进行吹干（车辆熄火状态下）。

8）待发动机上水分全干后将发动机护理剂均匀地喷洒于发动机舱内各部件上。

9）关闭发动机舱盖15min左右，待发动机护理剂干燥。

（4）竣工检验

1）根据检验标准进行检查。

2）确认无误后交车并拍照。

汽车发动机清洁镀膜效果如图6-6所示。

图6-6 发动机清洁镀膜效果

> 注意：对汽车发动机外部进行清洁作业前，必须确保发动机外部温度处在常温且发动机处于关闭状态，严禁在高温下作业，避免出现险情或影响发动机运转寿命。

5. 汽车发动机外部护理验收标准

汽车发动机外部护理验收标准见表6-4。

表6-4 汽车发动机外部护理验收标准

项目名称	部位	合格	不合格原因			
发动机外部护理	发动机舱盖	□	灰尘□	污渍□	油渍□	水渍□
	隔声板	□	灰尘□	污渍□	油渍□	水渍□
	发动机舱盖铰链	□	灰尘□	污渍□	油渍□	水渍□
	减振器固定部分	□	灰尘□	污渍□	油渍□	水渍□
	蓄电池	□	灰尘□	污渍□	油渍□	水渍□

(续)

项目名称	部位	合格	不合格原因			
发动机外部护理	保险盒	□	灰尘□	污渍□	油渍□	水渍□
	发动机装饰罩	□	灰尘□	污渍□	油渍□	水渍□
	发动机体外表面	□	灰尘□	污渍□	油渍□	水渍□
	进气口	□	灰尘□	污渍□	油渍□	水渍□
	空气滤清器	□	灰尘□	污渍□	油渍□	水渍□
	连接管路	□	灰尘□	污渍□	油渍□	水渍□
	线束	□	灰尘□	污渍□	油渍□	水渍□
	前照灯固定支架	□	灰尘□	污渍□	油渍□	水渍□
	散热器	□	灰尘□	污渍□	油渍□	水渍□
	发动机舱盖卡扣	□	灰尘□	污渍□	油渍□	水渍□
	前进气格栅	□	灰尘□	污渍□	油渍□	水渍□

四、汽车前照灯翻新与护理

为了节约汽车制造成本，现在的汽车厂商将过去的玻璃灯壳换成了现在的塑料灯壳。在 20 世纪 80 年代之前，汽车前照灯灯壳由玻璃制成，后来被聚碳酸酯塑料取代，聚碳酸酯塑料易受天气条件和紫外线（UV）的影响。通过学习本节内容可以了解如何翻新和护理汽车前照灯，为用户节约成本，可以提高车辆行驶的安全性。

1. 汽车前照灯污染来源

随着用车时间延长，车灯灯壳会有发黄、龟裂、磨损等现象，大大影响车灯的透光率，让原本强烈的远光变成散光，让近光变成的像小蜡烛一样微弱的光芒，极大影响行车视线及安全。汽车前照灯翻新案例如图 6-7、图 6-8 所示。

图 6-7 汽车前照灯翻新案例 1

图 6-8 汽车前照灯翻新案例 2

2. 汽车前照灯翻新工具与产品

汽车前照灯翻新工具与产品包括遮蔽胶带、纳米修复剂、P600 砂纸、P1200 砂纸、前照灯抛光剂、前照灯密封剂等。

3. 汽车前照灯翻新注意事项

1）在使用汽车前照灯翻新产品前，前照灯表面必须确保清洁到位，以免影响施工效果。

2）汽车前照灯纳米修复剂在使用之前，需要先进行摇晃均匀，以免多种原材料分层影响效果。

4. 汽车前照灯翻新操作流程

（1）准备/清洁及研磨

1）清洁前照灯及主体部位，确保遮蔽胶带的黏着力。

2）用胶带遮盖主体部位，避免漆面刮伤。

3）检查前照灯外部痕迹，有些痕迹可能在随后的研磨过程中不能被去除。

4）将纳米修复剂均匀地喷洒在前照灯上，使用P600砂纸打磨，直到污点或刮痕清除，头灯表面均匀暗沉。

5）每一次彻底打磨过程后应检查打磨效果，根据刮痕的程度选择重复打磨或使用P1200砂纸进行打磨。

6）将纳米修复剂均匀地喷洒在前照灯上，使用P1200砂纸进行打磨修复，直到前照灯上所有明显的刮痕和污点消失。

（2）抛光

1）使用抛光膏及抛光海绵抛光前照灯。直接将前照灯抛光剂作用于大灯上，再在上面喷洒纳米修复剂。

2）表面暗沉的大灯就会重新变成透明的，为提高效果可重复这个步骤。

（3）保护修复表面

为保护修复表面，可使用纳米密封剂。

1）清除遮蔽胶带，使用超细纤维擦拭布进行擦拭，将前照灯密封剂均匀涂抹在前照灯上。

2）5min作用时间后，可擦掉前照灯上的纳米密封剂残留物。

3）完成上述工序后的大灯会得到保护，具有防污效果，纳米密封剂可耐机械和化学的损坏。

5. 汽车前照灯翻新验收标准

汽车前照灯翻新验收标准见表6-5。

表 6-5 汽车前照灯翻新验收标准

项目名称	部位	合格	不合格原因
前照灯抛光翻新	清洁、遮蔽部位	□	不按流程操作□
	前照灯	□	不按流程操作□
竣工	轮眉、保险杠	□	密封剂残留□　污渍□　水渍□

五、镀铬件抛光

最近几年推出的车型镀铬装饰越来越多，有的车型甚至整个中网都使用了镀铬材料，如果不加以保养，时间长了就变得暗淡无光，甚至被绿色的氧化物所覆盖。除了车头的大面积镀铬件，门把手及排气管都是车身镀铬件最多的地方。

1. 镀铬件氧化原因

镀铬装饰上的霉点和锈迹是由于附着了霉腐微生物，或者长期受潮而形成的。部分生活区域的环境空气质量比较差，酸雨酸雾天气也非常频繁，受潮之后就会对镀铬材料形成腐蚀作用。选择温和配方的清洁产品及正确的施工方法，可以避免伤害原车的镀铬件。

2. 镀铬件抛光工具与产品

镀铬件抛光工具与产品包括漆面去划痕磨砂膏（6:2）、金属光亮剂、多功能清洁剂、羊毛抛光垫、玻璃抛光垫等。

3. 镀铬件抛光注意事项

汽车镀铬件腐蚀后需要抛光修复，但腐蚀位置无法恢复原貌。想要达到最佳的效果，只能更换镀铬部件。腐蚀后，镀铬件的表面镀铬会不完整，除了影响美观外，与其他功能或安全无关。

4. 镀铬件抛光操作流程

（1）清洗镀铬件边缝

1）使用多功能清洁剂，配合刷子、高效干洗枪清洁镀铬件与车身边缝，注意清洁边缝时的力度大小。

2）镀铬件清洗顺序为前进气格栅镀铬件→前照灯镀铬件→前雾灯镀铬件→车标→后视镜镀铬件→车窗边框镀铬件→车门把手→车身下沿镀铬件→油箱盖→后牌照灯镀铬件→后保险杠镀铬件。

3）清洁完毕后，使用毛巾配合吹气枪干燥。

（2）贴遮蔽胶条

1）根据镀铬件形状粘贴遮蔽胶条，做好施工前的遮蔽工作。

2）按照镀铬件清洗顺序，将遮蔽胶条粘贴在无须抛光处理的车身漆面或车窗玻璃上，这是为了防止抛光施工时抛光剂沾在玻璃和其他有缝隙的部位。

（3）抛光研磨

1）对于镀铬件的顽固污渍选用漆面去划痕磨砂膏（6:2）配合羊毛抛光垫进行研磨去污，恢复镀铬件的光泽，使用毛巾擦拭多余漆面去划痕磨砂膏。

2）注意抛光研磨时的抛光角度和力度大小。

（4）金属光亮剂施工

1）用玻璃抛光垫，配合金属光亮剂进行抛光施工。

2）用专用毛巾擦拭干净多余的金属光亮剂。

3）在抛光施工中切记要注意抛光的力度和角度，不可在同一个位置进行长时间施工。

（5）竣工检查

5.镀铬件抛光验收标准

镀铬件抛光验收标准见表6-6。

表6-6 镀铬件抛光验收标准

项目名称	部位	合格	不合格原因				
镀铬件抛光	前进气格栅	□	水渍□	污渍□	灰尘□	磨砂膏残留□	金属光亮剂残留□
	前照灯	□	水渍□	污渍□	灰尘□	磨砂膏残留□	金属光亮剂残留□
	前雾灯	□	水渍□	污渍□	灰尘□	磨砂膏残留□	金属光亮剂残留□
	车标	□	水渍□	污渍□	灰尘□	磨砂膏残留□	金属光亮剂残留□
	前雾灯镀铬件	□	水渍□	污渍□	灰尘□	磨砂膏残留□	金属光亮剂残留□
	后视镜	□	水渍□	污渍□	灰尘□	磨砂膏残留□	金属光亮剂残留□
	车窗边框	□	水渍□	污渍□	灰尘□	磨砂膏残留□	金属光亮剂残留□
	车门把手	□	水渍□	污渍□	灰尘□	磨砂膏残留□	金属光亮剂残留□
	车身下沿	□	水渍□	污渍□	灰尘□	磨砂膏残留□	金属光亮剂残留□
	油箱盖	□	水渍□	污渍□	灰尘□	磨砂膏残留□	金属光亮剂残留□
	后牌照灯	□	水渍□	污渍□	灰尘□	磨砂膏残留□	金属光亮剂残留□
	后保险杠	□	水渍□	污渍□	灰尘□	磨砂膏残留□	金属光亮剂残留□

六、外部塑料件护理

汽车上的塑料件非常多，为了延长汽车塑料件的使用时间，提高塑料件性能，汽车塑料件的清洁和护理尤为重要。保险杠塑料件养护案例如图6-9所示。

图6-9 保险杠塑料件养护案例

1. 外部塑料件污染来源

导致车辆外部塑料件脏污的原因如下。

1)外界因素(如昆虫尸体、树胶、道路灰尘、融雪剂等)长期滞留或腐蚀,高温、潮湿多雨环境等,均可造成塑料件表面污点,或者导致塑料件表面破损等现象。

2)划擦或碰撞都会造成塑料件表面污损。目前市场上有专门针对汽车的塑料件的清洁用品和护理用品,利用护理用品对塑料件进行护理作业,能够有效地防止汽车塑料件因为外界因素而产生的老化、变色和干裂现象,使塑料件能够保持良好的光泽,延长其使用寿命。

2. 外部塑料件护理工具与产品

外部塑料件护理工具与产品包括特级外部塑料件保护剂、多功能清洁剂、漆面塑料件表面水泥清洁剂、柏油清洗剂、高密度除污神奇海绵擦、万能海绵擦等。

3. 外部塑料件护理注意事项

塑料件清洁剂属于化学制剂,对眼睛、皮肤都有刺激性,应存放于儿童不易触及之处。若不慎入眼,应立即用大量清水冲洗并就医。如果手需要长时间接触原液,需要佩戴手套。

护理剂虽然使用简单方便,但应注意其不可用于玻璃、涂料以及纺织类物品上。一般护理剂为易燃物品,使用时切勿接近火源,也不要在阳光直射下使用。

4. 外部塑料件护理操作流程

(1)清洗塑料件

用多功能清洁剂清洗塑料件表面。

（2）去除塑料件表面顽固污渍

1）使用刷子和毛巾配合塑料件水泥、油污清洁剂对塑料件表面的顽固污渍进行清洁。

2）用柏油清洗剂清除塑料件表面的柏油。

3）用高密度除污神奇海绵擦配合多功能清洁剂对塑料件进行精细清洁。

4）清洁完毕后，使用毛巾配合吹气枪对塑料件进行干燥处理，塑料件与车身缝隙间的水分也必须干燥。

（3）遮蔽保护

1）根据塑料件形状粘贴遮蔽胶条，做好施工前的遮蔽工作。

2）按照塑料件清洗顺序，将遮蔽胶条粘贴在无须修复处理的车身漆面上，这是为了防止涂抹塑料件护理剂时沾在有缝隙的部位。

（4）涂抹修复剂

1）将特级外部塑料件保护剂配合万用海绵擦均匀用力地擦拭在塑料件表面。

2）护理剂涂抹完毕后，撕去遮蔽胶条，去除遗留在车漆表面的胶印。

（5）车身外部塑料件护理验收标准

车身外部塑料件护理验收标准见表6-7。

表6-7 车身外部塑料件护理验收标准

项目名称	部位	合格	不合格原因		
车身外部塑料件护理	前保险杠	□	污渍□	胶印□	修复剂残留□
	前轮眉	□	污渍□	胶印□	修复剂残留□
	后视镜支架	□	污渍□	胶印□	修复剂残留□
	行李架	□	污渍□	胶印□	修复剂残留□
	车身下沿	□	污渍□	胶印□	修复剂残留□
	后轮眉	□	污渍□	胶印□	修复剂残留□
	后保险杠	□	污渍□	胶印□	修复剂残留□

07

第七章
车身膜

人们大多把汽车美容理解为汽车漆面抛光清洁,但实际上,随着汽车消费的快速增长,人们对汽车的要求也越来越高,个性化成为消费者的新的消费理念。

漆面保护膜可以减少车漆物理伤害,还能将车漆与外界环境隔绝,避免了很多问题,例如可以抵挡紫外线,防止车漆氧化变黄,并且对日常的物理损伤也能够在一定程度上进行抵挡,使得漆面保持光亮整洁的外观,具有杰出物理防护性,受众多车主喜爱。

改色膜能满足车主个性化需求,某些品牌甚至拥有数百款颜色,数十个产品系列,可私人定制设计颜色,定制设计方案,打造专属的改色风格。改色膜不仅可以让车主个性化美化车辆外观,还有一个重要的作用,就是可以保护车漆。改色膜案例如图7-1所示。

a)改色膜未完成案例　　b)改色膜完成案例

图7-1 改色膜案例

> 提示:更换车身颜色的面积比例不超过30%,不需要办理车辆的变更登记;改色面积超过30%,则必须在车管所进行备案。

本章主要讲解车身膜中的漆面保护膜和能进行颜色订制的改色膜的贴膜操作技能,以及车身膜后期需要进行的清洁与养护项目。进行项目施工前,需要了解被施工车辆的漆面实际状况,如漆面原厂车漆还是修补过漆面,若为修补过漆面,需提前向车主告知注意及风险事项等。

一、汽车漆面结构

汽车涂料(油漆)一般都是烘烤漆,在进行车身涂装的过程中,不同的阶段需要使用不同的涂料,不同的涂料形成不同的漆层。在汽车生产厂,车身焊接完成后,下一道工序就是涂装。一般来说,首先上底漆,将车身浸入漆槽,然后取出烘干底漆;之后送入无尘车间,用静电喷漆工艺喷上面漆;然后用200℃左右的温度烘干;最后再上一层清漆。这样,涂装工艺就大功告成了。

1. 新车漆层结构

在底层车身钢板之上有以下漆层。

1)磷化膜层。磷化膜层是在金属底材的外表构成的一层细密的钝化层,可以使金属底材避免遭到外界的腐蚀。

2)电泳层。电泳层直接附着在金属车身上,对车辆十分重要,有避免金属生锈的作用。

3)中涂层。中涂层涂在电泳层上,加强车身的防腐能力,在补漆时可让漆面愈加滑润,也为色漆提供附着条件。

4)色漆层。色漆层即车身外表可直接看到的车身色彩,也具有进一步加强车身的防腐能力的效果。

5)清漆层。清漆层是附着在色漆层外面的,用来维护车身的色彩,具有一定的硬度,维护色漆层不受纤细的刮擦,起到避免褪色的作用。

新车漆层结构如图7-2所示。

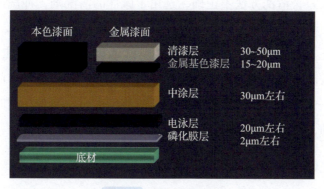

图7-2 新车漆层结构

2. 一般色漆种类

一般色漆种类有普通漆、金属漆、珠光漆等。普通漆含有树脂、颜料和添加剂；金属漆多添加了铝粉，因此感觉非常耀眼；珠光漆加入的是云母粒。云母是很薄的片状物，因而反光有方向性，增添了色彩斑斓的效果。若金属漆再加上清漆层，车漆就会显得更加亮丽。修补过的车辆漆面分层结构如图7-3所示。

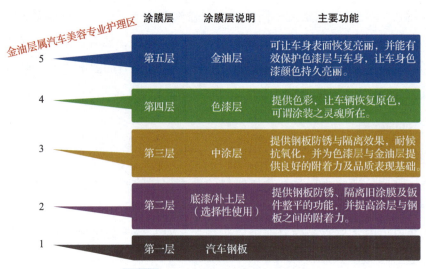

图7-3　修补过的车辆漆面分层结构

3. 褪色和失光原因

1）自然因素。汽车在使用过程中受到的气候、自然环境侵蚀和静电层吸附作用等的影响，都会使漆面遭受腐蚀和损伤，造成漆面褪色和失光。受到这种损伤的漆面用放大镜观察无明显划痕，斑点较小。

2）人为因素。汽车所用的涂装材料质量较差，新车开蜡用品选择或操作方式不当，洗车时水质较差，清洗方法不正确，选用了碱性的清洗剂，冲洗压力过高，漆面护理用品质量较差，漆面护理不及时等，都会使漆面出现不应有的侵蚀。

3）其他因素。漆面上留有小水滴时产生的透镜效应，会使焦点处的温度高达800~1000℃，导致漆面被灼蚀，出现肉眼看不见的小孔。若漆面灼伤的范围较大，密度较高，就会出现失光现象。任何涂料都有一定的使用寿命，随着使用时间的增长，漆面难以避免氧化腐蚀，会逐步老化，造成褪色和失光现象。

4. 褪色和失光处理

褪色和失光一般应根据漆面受损程度选择适当的方法来进行处理。

1）抛光研磨。对于漆面轻微褪色和失光，可采用抛光研磨的方法，然后打蜡抛光，即可恢复漆面光泽。

2）上有色蜡。有色蜡（市面上分为通用蜡、浅色车系蜡和深色车系蜡等多种类型）又称彩蜡，主要作用是增色，内含少量彩釉，可使同色系车辆的漆面更加艳丽。由于彩蜡具有增色、填补及遮盖功能，所以可使褪色和失光的漆面还原。

3）喷涂翻新。对于严重自然老化，漆面侵蚀严重的褪色和失光，则应采用喷涂翻新的方法来恢复漆面的光彩（喷涂翻新的烘烤温度为 60~70℃）。

5. 漆面症状及处理方法

汽车是人们日常生活中常用的交通工具，行驶在各种不同的环境中。车身漆面经过长时间的风化、酸雨侵蚀、太阳强光照射、风沙侵蚀等，会逐渐粗糙、失光，另外，行车中不注意，与其他物体或车辆刮擦，以及车辆被人恶意划伤，都会使漆面产生损伤。汽车漆面损伤现象如图 7-4 所示。一般一年以上的旧车漆面会出现氧化、交通膜、龟裂、褪色、蚀痕、浅划痕、水痕纹等各种"皮肤病"症状。

图 7-4 汽车漆面损伤现象

1）漆面氧化。汽车漆膜在太阳紫外线的照射下，会不断地向空气中蒸发油分达到保护自身的作用。时间长了会使漆面的油分过分散失，漆面的亮度和饱和度都大大降低，使漆面慢慢发白，形成氧化层，缩短车漆的寿命。对这种损伤用肉眼观察可发现车漆有发乌、发白、无光泽的现象。氧化严重的漆面可以通过研磨和抛光处理。

2）交通膜。汽车在行驶中与空气摩擦而产生强烈的静电层。静电对灰尘、油污和化学粉尘的吸附能力很强，时间长了便会形成一层坚硬的交通膜，极易使漆面发生氧化腐蚀。产生的交通膜可通过研磨、抛光处理掉。

3）龟裂。如果平时不对漆面作一些必要的护理，金属漆可能产生一种非常细微的裂痕，它会不断地延展，直至"击穿"整个色漆层，这种现象叫龟裂。有时因为重喷漆质量的问题，也会产生龟裂。如果裂纹中有车蜡，会发现车身有条纹状（拖尾纹）的龟裂现象。经常打蜡可减少龟裂产生。

4）褪色。大气中的油烟和污染物是造成车漆褪色、变色的主要原因。褪色与氧化不同，发生褪色时，车漆表面会出现不均匀的色差。中、轻度的褪色可通过研磨、抛光解决，严重时必须重新喷漆。

5）蚀痕。蚀痕是面状磨蚀，昆虫尸体、鸟粪、树胶、焦油、沥青等都有可能引起蚀痕。蚀痕严重时一般只能通过喷漆解决，只有很轻微的蚀痕可用研磨抛光解决。

6）浅划痕。如果车辆使用中日常护理不当，时间长了车漆表面会出现轻微划痕，但并未露出底漆。这种划痕在阳光下最为明显，一般采用专业的抛光方法可以去除。

7）水痕纹。水痕纹呈环状，是水滴蒸发后留下的痕迹。氧化的车身、常用洗涤灵清洗的车身更容易染上"水痕病"。轻微水痕纹可通过打蜡抛光解决，严重时需研磨或喷漆。

现代意义上的汽车，其车身保养的重要性超过任何系统，也就是说，若钣金及漆面不良，且不注意保养，汽车的价值会大打折扣，即使其发动机状况再好，也无法保证车辆的使用寿命。因此，车主应该时时关注自己车辆的漆面是否已有损伤的症状，应定点定时为车辆做漆面美容护理。而专业意义上的漆面美容护理是使车辆亮丽增辉，提高车辆防护外界侵蚀能力，延长车辆使用寿命的系统、规范、专业化的作业项目。

二、汽车漆面保护膜简介

汽车漆面保护膜，又叫隐形车衣（Paint Protection Film，PPF），是一种贴在车漆上面的透明膜，它能够使汽车漆面与外界隔绝，有效地保护汽车原厂漆面免受碎石冲击、硬物刮擦、化学腐蚀等伤害，还具有轻微划痕自修复、提升车漆亮度等功能，主要作用是多方位为汽车漆面带来持久保护。隐形车衣施工案例如图 7-5 所示。

图 7-5　隐形车衣施工案例 1

车辆每日承受风吹日晒雨淋，车漆难免遭受侵蚀、空气氧化；而日常生活中的落石砂砾、园林绿化树枝等刮伤车体的情况大多也无法避免；虫尸、树胶、虫胶等也都会对车漆造成一定的损害。装贴汽车漆面保护膜可将车漆与外部自然环境隔绝，防止了许多车漆损伤。

隐形车衣能够保护车体免遭物理伤害，还能够抵抗紫外线，也可以避免汽车因为长时间使用而出现表面变黄的问题。

漆面保护膜起源于欧美，最初被称为"犀牛皮"。20 世纪 60~70 年代，漆面保护膜作为军工产品应用于美军直升机和隐形战斗机，直到 90 年代才逐渐走向民用，多用于顶级赛车。

该产品真正作为车漆保护产品是从 21 世纪初开始的，当时主要用于豪车和欧洲皇室用车。21 世纪 10 年代，漆面保护膜才进入中国市场并迅速开始流行。

漆面保护膜起初应用于军事领域，20 世纪 60 年代用来保护直升机螺旋桨，70 年代用来保护隐形战斗机，90年代用于保护方程式赛车，21世纪，随着科技的发展，逐渐开始民用，用于保护汽车漆面。隐形车衣施工案例如图7-6。

图7-6 隐形车衣施工案例2

1. 隐形车衣材质

在隐形车衣材质中，TPU材质又分为芳香族与脂肪族两种细分种类，两者皆由二异氰酸酯、扩链剂和聚合物二元醇这三种成分反应生成，本质差别在于耐黄变性能。隐形车衣材质的耐黄变性能对比见表7-1。

表7-1 隐形车衣材质的耐黄变性能对比

材质类别	第一代	第二代	第三代
材质	PVC（已淘汰）	TPH	TPU
化学名称	聚氯乙烯	改性高分子	热塑性聚氨酯
说明	早期的隐形车衣是由PVC材质制成，由于PVC材质结构偏硬、强度及韧性均较低，保护漆面能力不足，已被市场所淘汰	TPH是在PVC的基础上增加增塑剂，使其能拥有较PVC更好的韧性，但本质上和PVC一样属于塑料材质，具有易黄变、易开裂、寿命短等致命缺点	TPU因其高张力、高拉力、强韧和耐老化等特性，被广泛应用于医疗、工业及体育等行业，亦是目前优质隐形车衣最好的原材料
韧性	极差	一般	强
划痕自修复能力	无	有	强
黄变情况	短期明显发黄	短中期明显发黄	超强耐黄变
留胶情况	易留胶	易留胶	不留胶
车漆增亮能力	无	低	提升30%~50%

1）芳香族耐黄变性差。芳香族TPU因分子结构的问题，光稳定性不强，在紫外线的照射下，容易发生不可逆的氧化反应，即隐形车衣行业内所称的黄变。TPU材料母粒如图7-7所示。

2）脂肪族耐黄变性优越。脂肪族TPU是新型的材质，分子结构稳定，不会被氧化，抗黄变及抗老化效果明显，这是芳香族TPU所不能做到的，因此，采用脂肪族生产而成的隐形车衣性能更佳。隐形车衣结构如图7-8所示。

图7-7 TPU材料母粒

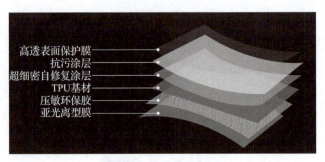

图 7-8 隐形车衣结构

2. 隐形车衣的主要作用

1）提升漆面亮度。漆面保护膜可以提高汽车漆面的光泽度和亮度，一般增亮 20%~40%，贴完后漆面会明显感觉比未贴之前更亮。车辆漆面若有细微划痕，贴完后能起到遮瑕的作用。后期护理简单，普通洗车和简单保养即可。

2）防止刮伤。隐形车衣的目的就是保护汽车的原厂车漆，膜的坚韧性，有效防护在高速行驶中小石头弹伤车漆，以及能防止钥匙等恶意划伤，通常只会影响到隐形车衣，不会伤害到原车车漆。如需要进行修复、换膜工艺，作业时间极短。

3）防腐蚀。除了能抗漆面老化、阻隔紫外线、酸雨等，对日常行车中常见的鸟粪和昆虫尸体，贴上隐形车衣可以将此类环境问题会对车漆伤害等因素，与外界污源能进行有效的隔离。

4）保险可理赔。双方事故，对方全责，对方保险公司会理赔。

5）保值。二手车买卖时，车漆修复过的车辆普遍估值不高，很容易被买主怀疑为事故车。而贴了隐形车衣的车辆，二手车置换时能提高价值。

> 提醒：隐形车衣只是车漆美容产品，能应对平时的一些小刮小蹭事故，但无法抵挡破坏性的冲击，因此切勿过度营销。

隐形车衣施工案例如图 7-9 所示。

图 7-9 隐形车衣施工案例 3

3. 隐形车衣主要材质

隐形车衣主要有 PVC 和 TPU 两种材质。PVC 材质主要靠膜体硬度保护车漆，由于早期技术及材质不成熟，已逐渐退出市场；TPU 是一种热塑性聚氨酯材料，这种材料在一定温度下能变软，在常温下可以保持不变，它的耐寒性很强，具有很强的韧性和一定的硬度。如果隐形车衣遇到非破坏性的损伤，部分产品在一定时间周期内有自动修复的功能。TPU 分子结构如图 7-10 所示。

隐形车衣是贴在漆面上一层的弹性软薄膜，这种高分子薄膜能起到物理防护的作用，使车漆能有更持久的使用时间。隐形车衣使用年限为 5~12 年，膜层厚度一般为 180~220μm。

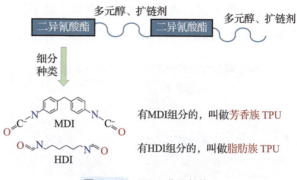

图 7-10　TPU 分子结构

4. 如何鉴别隐形车衣

市场上的隐形车衣的品牌种类众多，质量参差不齐，可通过以下方式对品牌及产品进行初步的评估。

1）品牌：店家所销售的产品和展示架的品牌是否一致。

2）包装：产品包装质量与印刷清晰度。

3）材质测试：测试隐形车衣部分边角料燃烧是否产生刺鼻味道，是否会产生冒黑烟的现象，有则证明原料组成杂质多。

4）拉伸测试：测试隐形车衣是否具备良好的拉伸性，拉伸性是否达到 2 倍以上。隐形车衣拉伸测试如图 7-11 所示，拉伸性能对比如图 7-12 所示，劣质膜拉伸测试断裂情况如图 7-13 所示。

图 7-11　隐形车衣拉伸测试

a）劣质膜拉伸性能

b）优质膜拉伸性能

图 7-12　隐形车衣拉伸性能对比

图 7-13　劣质膜拉伸测试断裂情况

5)性能测试。利用铜丝刷或类似工具来测试隐形车衣是否具备划痕修复性能。隐形车衣穿刺测试如图 7-14 所示,劣质隐形车衣水解现象如图 7-15、图 7-16 所示。

图 7-14　隐形车衣穿刺测试

图 7-15　劣质隐形车衣水解现象 1

图 7-16　劣质隐形车衣水解现象 2

5. 工具明细

隐形车衣安装涉及的工具有刀架、专用刀片、橡胶软刮板、大小刮板、烤枪、软皮尺、卷尺、拖线板、拆装工具、高低凳、去污泥、纸胶带、无纺布、酒精、胶带、毛巾、大小喷壶、剪刀、蒸汽机、沐浴露等,隐形车衣工具套装如图 7-17 所示。

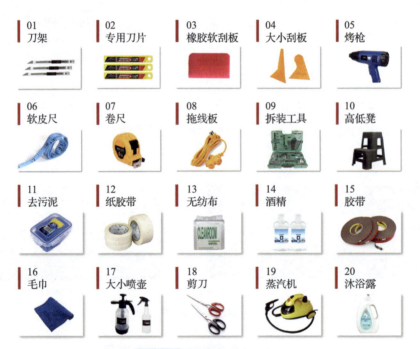
图 7-17　隐形车衣工具套装

6. 施工流程

(1)初步清洗

先将车身、轮毂、内衬、全车边缘缝隙用水枪冲洗干净,用毛巾

简易洗车

擦干后，将车辆驶入施工车位。

（2）验车登记，客户签字确认

1）按照各店的《项目施工单》对施工车辆进行全车检查。

2）检查车身有无划痕、掉漆、腐蚀、氧化、凹陷等，车身是否需要做深度的漆面处理（比如镀晶后，需要进行脱脂处理，确保附着力），前照灯及内饰件是否有损伤。

3）及时与顾客沟通，并登记问题是否需要处理。

4）将施工需拆卸的部件及其拆卸原因告知客户，并得到客户的确认。

5）检查完毕需让客户核对检查内容并签字，拍下施工车辆原貌的照片，完成接车工作。

（3）确认膜的品质及型号

裁切之前一定要仔细检查膜面是否有尘点、褶皱、压痕等问题，检查一定要在强光下进行。隐形车衣施工案例如图7-18所示。

图7-18　隐形车衣施工案例4

（4）测量裁膜

1）为了使整卷膜的利用率最大化，车身两侧的后翼子板、前翼子板、前后门，建议打版取样裁膜；取样材料为透明材料，可以看到钣金表面和结构，方便取样和节省成本。

2）发动机舱盖、行李舱盖、车顶、前后保险杠用软皮尺测量，长度和宽度需要各预留5cm的余料，方便施工时用手进行撑膜。

3）正式裁剪膜时，要先测算各个板块的长度和宽度，看如何搭配组合既快又省膜。

4）裁剪后，将其分别卷起来并做好标识。

（5）零件拆卸

1）将一些影响贴膜施工的可拆卸的饰板、饰条、拉手、灯、车标等进行细心拆卸、不可强拆。

2）对拆卸下的零部件进行编号，放到相应的工具车上，有序摆放以免丢失。

3）车标、字标等把握不准精确位置的部件，需测量边距并拍照备案，供安装时参考。隐形车衣施工案例如图7-19所示。

图7-19　隐形车衣施工案例5

（6）车辆精洗

1）先用去污黏土进行全车深度清洁，再用除胶剂将漆面的沥青、虫尸等污渍清洁干净，达到油漆表面平整无凸起物，边角缝隙无泥沙、油渍等。

2）边角等不方便清洗部位，可以用小黄刮板包上无纺布，喷上酒精辅助清洁，确保粘贴面干净（检验方法：用干净的无纺布擦拭时无脏污）。

3）深度清洁顺序：从车顶开始，从上到下逐步清洗，洗完再将车身擦拭干净，另需特别注意的是，酒精对胶条有一定的腐蚀作用，清洗时一旦接触应及时用清水冲洗干净。

4）密封条与钣金相交处不要大力挤压，避免损伤密封条。隐形车衣施工案例如图 7-20、图 7-21 所示。

图 7-20　隐形车衣施工案例 6　　　图 7-21　隐形车衣施工案例 7

（7）施工前准备

1）汽车轮毂施工防护罩、发动机保护罩。

2）检查保养施工工具；安装液配比，比例调配为 2L 水兑 4~5 滴沐浴露，如发现胶纹过重可适当加大剂量到 6~7 滴，能适当提高润滑作用。

3）提前打开空调，确保室内温度保持在 20~25℃ 之间，车漆的温度也必须在 20~25℃ 之间。

4）施工前，用刮板将钣金表面上的水刮干，并检查是否有未清洁干净的遗漏的脏点，如果有，必须清洁彻底。

5）必须用酒精将施工面边角进行清洁，这样收边牢固安全快捷。

（8）全车贴膜

施工顺序为从上往下，具体为车顶→发动机舱盖→行李舱盖→后翼子板→后门→前门→前翼子板→前保险杠→后保险杠→后视镜→小饰件→内饰→贴膜完成。隐形车衣施工案例如图 7-22、图 7-23 所示。隐形车衣主要施工流程如图 7-24 所示。

透明膜施工案例

图 7-22 隐形车衣施工案例 8

图 7-23 隐形车衣施工案例 9

a）固定膜前喷水增加移动性

b）使用刮板将水驱走 1

c）使用刮板将水驱走 2

d）拉伸隐形车衣让其能更紧密地附着在漆面上

图 7-24 隐形车衣主要施工流程

（9）细节检查

1）检查全车有无遗漏部位。

2）检查包覆膜面有无水泡、污点。

3）检查边角包覆是否整齐，如果发现膜有起边、起翘等现象，需立即进行处理。

4）用热风枪将全车边角、凹凸、拉伸部位加热到 80℃ 以上。隐形车衣施工案例如图 7-25、图 7-26 所示。

图 7-25 隐形车衣施工案例 10

图 7-26 隐形车衣施工案例 11

（10）复原安装

1）循环检验，确认无误后，将所有拆卸部件安装回原位。

2）安装时应注意不可强装，同时避免擦碰到膜面。

3）收起各部位保护套，并叠起摆放整齐，放归工具箱内。

（11）质量检查

1）再次检查膜面有无异常状况，安装是否到位。

2）起动发动机，检查仪表是否有故障码显示，检查车灯、雷达等所拆卸部件能否正常启用等。

（12）拍照备案，并上传所需资料到电子质保平台

将全车车身擦净，摆放施工牌，拍照备案，应拍摄包括正前、正后、正侧、左前右前45°、左后右后45°角度的全车环绕的视频或8张照片，以及细节部位特写，公司存档备案并上传到品牌商官方网站或平台。

（13）竣工交车，提示注意事项

1）由销售人员及贴膜技师带领车主检验车辆，并填写交车单（车主签字）。

2）刚贴好隐形车衣的车辆需在太阳下晾晒一天，以使膜与漆面更加贴合。

3）提醒车主三天之内不要在雨天行车，避免未干透的膜起边、脱落。

4）施工一周内禁止洗车，禁止使用高压水枪冲洗车辆表面及缝隙。

5）竣工后约7~10天，请车主返回店面复查，以保证及时发现问题并进行修复。

6）未来进行撕膜的过程中，后喷漆将会有车漆脱落的风险，不属于产品质量问题。

（14）剩余膜的保管

由于隐形车衣是三层结构的，非常厚，建议将剩余的隐形车衣表层的保护膜撕掉，再重新卷紧，用胶带封口，用横粘及竖粘的方式，来防止漏空气进去。

7. 隐形车衣案例拍摄积分标准（满分100分）

由于隐形车衣的销售单价相对较高，为了能够更好地体现其价值，并积累更多的真实案例，作为日后营销推广的素材，隐形车衣的案例拍摄就变成一项非常重要的工作。以下积分要求及标准可作为拍摄要求的参考，也可以作为提升个人整体业务能力的标准。隐形车衣效果案例如图7-27、图7-28所示。

（1）判定为有效案例的要求

1）案例中必须包含汽车贴膜完成后的摆放膜图。

2）不同案例数量大于9张。

3）案例必须为高清图，画面清晰不能模糊。

4）隐形车衣案例需包含两张以上的施工图。

5）不可满屏添加品牌、门店水印。

6）案例画面效果不达标者不予积分（该画面效果由案例评判员评判）。

满足上述要求，可获得基础积分 10 分。

图 7-27　隐形车衣效果案例 1　　　图 7-28　隐形车衣效果案例 2

（2）案例加分项及拍照标准

1）拍摄背景要求（分值：15 分）。①室内要求：拍摄前请先整理室内环境，勿使除产品元素以外的杂乱物品入镜，尽量保持整体拍摄环境无杂物；②室外要求：选择合适的拍摄场景，注意拍摄光线与角度。

2）施工细节拍摄（分值：15 分）。在拍摄案例中包含施工细节图，至少含两张及两张以上的施工细节图，其中包含清洗、刮水、手工刀裁等细节，注意保持画面的流畅及整洁度。专车专用膜需要体现其数据孔位精准的特点。

3）施工完成后局部拍摄（分值：15 分）。在拍摄案例中包含施工完成后的局部图，案例中需包含门边、翼子板接缝处、车头、车尾等施工完成后的车身局部图。

4）施工完成后整体拍摄（分值：15 分）。施工完成后整体拍摄前、后、左、右的车身图片，镜头保持与车身平行。

5）施工完成后整体摆放膜图（分值：15 分）。在拍摄案例中包含施工完成后整体摆放膜图，必须是汽车贴膜完成后的摆放膜图，背景应保持干净、整洁。

6）品牌元素（分值：15 分）。案例中至少含有一张隐形车衣品牌元素的图片，可以是贴标、挂牌、施工配套、工服等。

隐形车衣施工后漆膜厚度测试如图 7-29 所示，隐形车衣效果案例如图 7-30 所示。

图 7-29　隐形车衣施工后漆膜厚度测试　　　图 7-30　隐形车衣效果案例 3

三、汽车改色膜简介

汽车改色贴膜,即通过将高分子聚合材料薄膜贴附于车身表面的方式改变全车或局部外观的服务,达到保护原漆、装饰车身的目的。下文中将汽车改色膜简称为改色膜。

汽车改色贴膜是汽车改装中比较受欢迎的项目,其操作简单,既能保护原车漆,又可以对汽车的表面进行装扮,体现自己的风格和个性,吸引眼球,在保养方面也比较轻松。改色膜施工案例如图7-31、图7-32所示。

▶ 改色膜施工案例

图7-31 改色膜施工案例1

图7-32 改色膜施工案例2

1. 改色膜优点

1)保护漆面。汽车贴了改色膜,相当于在车身上覆盖了一层保护膜,它能将车漆与空气隔离,有效防止车漆酸碱腐蚀和氧化,同时也能抵御日常行车时的剐蹭,保护原厂车漆。

2)个性化定制。可以根据自己的喜好对车身进行颜色、图案、质感改造,且不伤害原车漆,随心所欲打造自己喜欢的风格。

图7-33 改色膜施工案例3

3)弥补缺憾。当买车买不到喜欢的颜色时,可以通过改色弥补缺憾。不仅仅是常规色,即使是配额有限的限量色,也可通过改色膜实现。

4)旧车翻新。当开了许多年的老车掉漆严重,暂时又不想换车时,改色膜就成了最好的过渡方案。改色膜可以遮挡旧痕,并起到美化的效果,使车辆焕然一新,重焕光彩。改色膜施工案例如图7-33、图7-34所示。

图7-34 改色膜施工案例4

2. 改色膜背胶区别

改色膜简单来讲就是一张具有伸缩性的韧性材质薄膜，一面是色彩亮丽或纹路质感丰富的面层，另一面是粘贴层，即背胶。将背胶贴到车身表面，然后刮除膜与车身表面之间的空气，通过收边（热收缩）后即算完成改色贴膜。背胶根据可除去性分为以下两大种类。

1）可移除背胶。初黏度较低，施工时易于调整位置，装贴后撕除不留残胶。

2）永久性背胶。初黏度较高，施工时不易调整位置，装贴后撕除易留残胶。

3. 改色膜原材料

1）基材。改色膜的 PVC 基材具有拉伸不变色、平整度高、桔皮纹低、色泽度好等优势。高分子材料结构带来超强的柔韧性能，可在任意弧面实现理想的弯折性，全面表达车身曲面柔美质感。

2）可移压敏胶。低黏度可移压敏胶的初始黏度低，在施工时可以便捷地调整位置至贴合曲面。装贴后随着时间增长，日益变粘，牢牢贴合车身。除膜时可轻易揭除，不伤漆面，不会留下残胶。

3）菱形导气槽底纸。改色膜产品分为 PET 底纸和纸质底纸两大类型，其中，纸质底纸在行业中又被细分成 $120g/m^2$、$140g/m^2$、$160g/m^2$ 三种规格，厚度越高，改色膜平整度越好。$160g/m^2$ 底纸平整度高，无桔皮纹或桔皮纹少，不易产生折痕，易于施工。改色膜底纸带有菱形导气槽，坚挺且平整度高，背胶经受多次反复揭、贴后，粘贴强度仍可满足施工要求。

4. PET 底纸简介

PET（聚对苯二甲酸乙二醇酯）是一种高分子化合物，其表面结构更为有序、高度平整。相较于纸质底纸，使用 PET 底纸的改色膜，其表面的平整度高，没有凹凸不平的痕迹，且光泽度更高、色彩呈现更为鲜艳、更接近原厂色。

5. 改色膜结构层

改色膜结构层（图 7-35）有底纸、背胶层、面膜层和保护层。

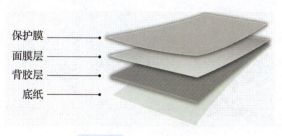

图 7-35 改色膜结构层

6. 拍摄优质案例吸引客户

改色膜从某种程度上而言，销售的就是案例。通过门店自己出品的真实优秀案例更能让客户代入，产生认知，吸引人气。然而拍摄照片谁都会，能拍摄精品案例照片的人并不多。可以说自媒体时代，会拍照的门店，已经较传统门店抢占了更多传播优势。

下面是由两个门店所拍摄的两个案例，你觉得哪一个案例客户看了观感更好，更有可能购买？不规范及规范的改色膜案例拍摄对比如图 7-36、图 7-37 所示。

图 7-36 不规范的改色膜案例拍摄

图 7-37 规范的改色膜案例拍摄

精品案例拍摄 4 大要点如下。

1）干净的背景。干净的环境，清爽整洁的背景，是拍摄一个精品案例的基础。脏、乱、差的环境不仅有损品牌的形象，更无法让消费者对服务品质产生期待。

2）清晰的品牌信息。应拍摄完整的品牌 LOGO、品牌包装、贴膜道具，向消费者展示一切有关品牌的信息，体现门店的专业性及实力。

3）合适的光线。光线对于照片的影响是非常大的，过暗或过亮的光线拍摄出的改色膜案例色差较大，局部细节失真，质量不佳。

4）全面的展示。使用不同角度去拍摄车辆正面、侧面、后面的全车展示，以及发动机舱盖、翼子板、后视镜等局部细节，尽可能全面地为消费者展示成车。规范的施工案例拍摄如图 7-38 所示。

图 7-38 规范的施工案例拍摄

7. 改色膜工具明细

改色膜安装涉及的工具包括羊毛刮板、小毛巾、烤枪、酒精、大小三角板、塞边软刮、柏油清洗剂、卷尺、剪刀、去污黏土。改色膜工具套装如图 7-39 所示。

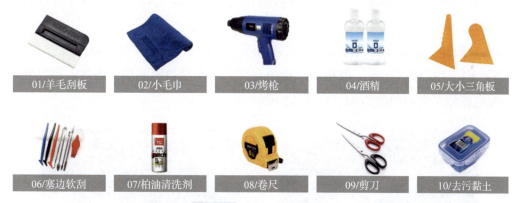

图 7-39　改色膜工具套装

8. 施工流程

（1）初步清洗

使用高压水枪冲洗整车表面，去除表面灰尘、泥土、鸟粪、油污等污染物，用毛巾擦干表面残水，将车辆驶入施工车位。

（2）验车登记，客户签字确认

1）询问漆面是否做过补漆，若非专业漆面修理，告知客户可能出现的风险。

2）告知客户车漆表面存在的缺陷并纪录，如果现象较为严重，可建议客户进行漆面处理。

3）将施工需拆卸的部件及拆卸原因告知客户，并得到客户的确认。

4）检查完毕需让客户核对检查内容并签字，拍下施工车辆原貌的照片，完成接车工作。

（3）确认膜的品质及型号

首先要确认膜的型号是否正确，其次在裁切之前一定要仔细检查膜面是否有尘点、褶皱、压痕、染色不均匀，检查一定要在强光下进行。改色膜施工案例如图 7-40 所示。

图 7-40　改色膜施工案例 5

（4）测量裁膜

1）测量贴膜钣金件的尺寸，测量时选择长宽最大处，为减少浪费和充分利用材料，可在裁剪前对要贴膜的表面进行打版，打版纸选择透明的。

2）根据实际测量数据和打版情况，考虑如何搭配组合既快又省膜。

3）裁剪后，将其分别卷起来并做好标识。

（5）零件拆卸

1）将一些影响贴膜施工的可拆卸的饰板、饰条、拉手、灯、车标等进行细心拆卸、不可强拆。

2）对拆卸下的零部件进行编号，放到相应的工具车上，有序摆放以免丢失。

3）车标、字标等把握不准精确位置的部件，需测量边距并拍照备案，供安装时参考。改色膜施工案例如图7-41、图7-42所示。

图7-41 改色膜施工案例6

图7-42 改色膜施工案例7

（6）深度清洁

1）使用去污黏土清洁漆面，去除油漆表面氧化层及附着力较强的污渍。

2）使用柏油清洗剂去除表面残胶、顽固柏油点（可以避免贴膜时，漆面有颗粒，导致贴膜出现不平整的现象），用柏油清洗剂时，不要对容易氧化的物件喷洒，避免氧化胶条、车灯、塑料件、轮胎、挡泥板。

3）酒精清洗，去除漆面残留的油渍及蜡渍，使改色膜与漆面有良好的粘合力。

4）边角等不方便清洗部位，可以用小黄刮板包上无纺布，喷上酒精辅助清洁，确保粘贴面干净。

5）擦干、吹干所有漆面边缝的水，这步尤其重要。

（7）全车贴膜

1）揭膜时从上往下，使膜面自然下垂，保持改色膜不动，防止产生折痕。

2）上膜时按贴膜部位的形状轻轻放下，两人配合向四周拉伸将膜平铺于漆面，去除大部分气泡。

3）选取合适的部位进行定位，以发动机舱盖为例，通常先从中间来进行赶覆定位，再顺势定位左右两侧。

4）将边角多余的改色膜裁切至距边缘3~5cm，用热风枪烘烤边角，使其更好地包覆边角。

5）根据钣金背面构造精细裁切，确保平整的包边效果，使用烤枪来进行烘烤加固。改色膜施工案例如图7-43、图7-44所示。

图7-43　改色膜施工案例8

图7-44　改色膜施工案例9

（8）清洁膜面，细节检查

1）清洁膜面残留的手指印、灰尘等，恢复膜面完美光泽，达到完美交车效果。

2）检查整车贴膜部位，去除缺陷，同时确保所有拆卸部位已复位。

3）起动发动机，检查仪表是否有故障码显示，检查车灯、雷达等所拆卸部件能否正常启用等。

（9）拍照备案，上传电子质保平台

拍照备案，应包括正前、正后、正侧、左前右前45°、左后右后45°角度的环车视频和8张照片，以及细节部位特写，公司存档备案并上传到产品官网。

（10）完美交车，告知温馨提示

1）由销售人员及贴膜技师带领车主检验车辆，并填写交车单（车主签字）。

2）刚贴好膜的车辆需在太阳下晾晒一天，以使膜与漆面更加贴合。

3）提醒车主施工一周内禁止洗车，禁止使用高压水枪冲洗车漆表面及缝隙。

4）请客户7~10天时返回施工店复查，以保证及时发现问题进行修复。

5）未来进行撕膜的过程中，后喷漆将会有车漆脱落的风险，不属于产品质量问题。改色膜施工案例如图7-45所示。

图7-45　改色膜施工案例10

9. 施工注意事项

1）贴膜的过程中，首先要整体加热膜，贴大面积或弧度大的地方时一定要避免反复扯起膜面的情况。因为是低黏胶，尽量一次性拉扯包裹，不能有停顿，如果停顿时间超过 3min 以上再烘烤，膜的温度不均匀就会产生胶印、变色等情况。

2）贴膜过程中拉扯时尽量不要过重，刮板刮的时候力度不能太大，切记均匀加热、均匀受力、均匀拉扯、均匀刮，这样才会减轻导气纹路和桔皮纹。

3）贴的时候不要所有的角度都封死，要有可以排气的面，封死了里面有空气排不出就容易出现气泡、褶皱。改色膜施工案例如图 7-46、图 7-47 所示。

图 7-46　改色膜施工案例 11

图 7-47　改色膜施工案例 12

4）碰到需要收边的地方时，要慢慢从边缘收住再往里把边收进去，边角里不能有起泡褶皱，而且收边时要保证边角没有水、肮脏物和油污，避免起边。

5）改色膜贴好后不能用手去按压，因为膜薄，会有手印与划痕。

6）贴膜切忌用猛力，用力要柔和，不能太死板。

7）每贴完一个面进行收边后，必须再通过烤枪进行一次烘烤，再次固定。当全部面贴完后，也再次对全车进行一次烘烤，这样能起到固定作用。

8）可能出现的问题及解决方法如下。

①胶印：贴膜过程中反复拉扯和膜面受热不均导致。

解决方法：贴的时候尽量整体加热膜，然后整体绷膜。需要贴膜师傅配合好拉膜，尽量不要反复掀起膜面拉扯，就算有的地方无法避免，也尽量停在有棱角的地方或看不到的地方，这样胶印就不会显出来。

②导气纹路：底纸纹路不平整导致。

解决方法：在贴膜时，均匀拉扯，让膜面均匀受力，烤膜也要尽量均匀加热。刮膜时千万不要过度用力，一般改色膜的导气效果很好，均匀柔和地刮膜即可，就算有轻微的导气纹路经过日晒就会减少很多。

③划痕：膜面与刮板摩擦受热导致。

解决方法：贴膜前用一个相对软一点的刮板，刮板尽量加上软的毛贴，刮膜的时候要蘸上含有沐浴露的水（浓一点）去刮膜，不要太过用力。

④起边：一般是由边角有肮脏物、油污或者胶水残留，以及收边没有做好导致的。

解决方法：

a）在贴膜前清洗车辆表面时，注意不要遗漏凹槽、门缝等细节处。

b）清洗完擦净、晾干车辆，将边角里面的水吹干。

c）贴膜前再用酒精对所有需要贴膜的边角、凹槽、门缝进行一次清洗。

d）收边时候不能在边角里留有气泡，特别是有的缝隙里收边时不要先封死了收，要留有排气位置把空气赶出来再收。还有夹角的缝隙，要往夹角里收的时候要把膜往里送，不要两面都粘上了再收，先收一边，另一边排出空气，夹角没有拉力就不会起泡。

e）收边后用烤枪烘烤进行一次加固。

f）全车贴完再进行一次检查修复和烘烤加固，有条件的话最好隔一天再进行检查修复和烘烤加固。

g）在收边时，遇到所有有尖锐角的地方，一定要给这个尖锐角正上方多留一点膜，这样可以避免包裹不住而出现起边的情况。

h）贴完膜尽量让车主 3~5 天内不要清洗车辆或者让雨水长时间冲刷车辆，以免进水导致起边。改色膜施工案例如图 7-48、图 7-49 所示。

图 7-48　改色膜施工案例 13

图 7-49　改色膜施工案例 14

⑤膜薄烤皱：由于膜本身过于薄，施工容易出现问题。

解决方法：在拉伸较大的地方切记不要大火烤得过久，容易烤破或者烤皱改色膜，轻轻烤过即可。

⑥门把手里凹槽起泡：因为大多数人贴车门都会直接将整张膜拉下，然后把这块凹槽再按压进去，所以此处拉伸大，但是四周没有排气和可以单独贴的地方，所以容易起泡。

解决方法：要从边缘慢慢往里一圈一圈地烤，慢慢地按进去，全部收进去后采用拼接贴法。

⑦后保险杠和行李舱里弧度过大地方起泡起边：有的车型后保险杠和行李舱弧度大，膜拉伸受力大，导致出现起边或起泡的现象。

解决方法：如果弧度浅，可以慢慢包裹进去，如果弧度过深，建议拼接或者不要完全贴进去，这样就可以避免起泡或鼓起。

⑧贴的时候膜一拉就破了：由于改色膜薄，拉伸的时候加热不均或者没有加热，膜面没有变软，用力过度自然会将膜拉破。气温较低也可能产生此种情况。改色膜施工案例如图 7-50、图 7-51 所示。

图 7-50　改色膜施工案例 15

图 7-51　改色膜施工案例 16

解决方法：贴的时候对整张膜面进行均匀加热，膜面变软后拉伸性是非常好的，可以轻松包裹各种面积大或者弧度大的地方。如果气温较低，建议进入有空调的车间作业，把空调打开，让室内温度保持在 25℃左右再施工。

⑨亮光膜有的地方变亚光：拉伸过度或者温度过高、烘烤时间过长导致。

解决方法：在贴的过程中拉伸均匀一些，避免对同一区域长时间高温烘烤。改色膜拉伸性是比较优良的，轻度烘烤就可以拉伸，特别是弧度大的地方，尽量采用低温轻度烘烤。改色膜施工案例如图 7-52、图 7-53 所示。

图 7-52　改色膜施工案例 17

图 7-53　改色膜施工案例 18

10. 改色膜案例拍摄积分标准（满分 100 分）

（1）判定为有效案例的要求

1）案例中必须包含汽车贴膜完成后的摆放膜图。

2）不同案例数量大于 9 张。

3)案例必须为高清图,画面清晰不能模糊。

4)改色膜案例需包含两张以上的施工图。

5)不可满屏添加品牌、门店水印。

6)案例画面效果不达标者不予积分(该画面效果由案例评判员评判)。

满足上述要求,可获得基础积分20分。

改色膜施工案例如图7-54、图7-55所示。

图7-54　改色膜施工案例19

图7-55　改色膜施工案例20

(2)案例加分项及拍照标准

1)拍摄背景要求(分值:20分)。选择合适的拍摄场景,注意拍摄光线与角度,尽量将除改色膜产品元素外的杂乱物品移除镜头,保持整体拍摄环境整洁度。

2)施工完成后局部拍摄(分值:15分)。案例中需包含门边、车头车尾等施工完成后的车身局部图。

3)施工完成后整体拍摄(分值:15分)。案例中需包含车辆前、后、左、右等不同方向的整体拍摄。注意不同的拍摄情况,有些画面镜头需保持与车身平行。

4)施工完成后整体摆放膜图(分值:15分)。案例拍摄必须有汽车贴膜完成后的摆放膜图,背景应保持干净、整洁。

5)品牌元素(分值:15分)。案例中至少含有一张带有改色膜品牌元素的图片,可以是贴标、钥匙扣、施工配套、工服等。

四、清洁养护工具与产品

车身膜表面涂层的主要成分为聚硅氧烷,聚硅氧烷对热和化学试剂稳定,不易被水润湿,有突出的耐老化性能、优异的疏水性与电绝缘性。

市面上的隐形车衣及改色膜,材质一般有TPF、TPH、TPE、TPC、PPC、TPP等,而这些产品本质都是PVC通过添加增塑剂来改善材料的性能。产品有亚光和亮光、透明、拉丝等各种系列，以下统称车身膜。

车身膜使用过程中会出现热修复能力下降、酸雨斑、鸟粪痕、树胶痕、氧化层、自洁能力下降、发黄、吸附铁粉等问题，需要专用的产品和工序来进行清洁与护理，以减少污渍附着，恢复车身膜涂层的各种性能。

车身膜清洁剂含有非离子表面活性剂，可以快速清洁车身膜表面的污渍、油渍、煤烟、细微颗粒。车身膜护理剂适用于亚光、亮光、透明、拉丝等各种车身膜，可以快速恢复车身膜的光泽度。

1. 清洁设备与工具

清洁设备与工具包括车身膜清洁剂（图7-56）、柏油清洗剂、打蜡海绵、毛巾、车身膜护理剂、美纹纸。

图7-56 车身膜清洁剂

▶车身膜清洁

2. 施工流程

（1）接车

1）开单并登记车辆信息。

2）询问车主近期对车身膜的施工状况，确定施工项目。

（2）检查车身膜情况

重点检查车身膜情况，检查其是否有脱落。

（3）驶入工位

由服务人员引导车辆停放到指定工位，并检查车门、车窗是否关闭。

（4）快速洗车

具体参照第三章洗车流程。

（5）车身膜预处理

1）车身膜清洁剂清洗：把车身膜清洁剂均匀喷洒在车身膜上，稍等片刻，用毛巾用力擦拭，每次施工一个区域。

2）柏油清洗：对车身中下沿部位喷洒柏油清洗剂，顺序是前保险杠下沿→左侧车身下沿→后保险杠下沿→右侧车身下沿。

🔧 注意：使用柏油清洗剂时，先在不明显处测试其对车身膜的安全程度。

3）高压冲洗。

（6）全车干燥

采用专用毛巾对整车脱水，并用吹风枪把车身吹干。

（7）遮蔽

施工作业时，需要将施工区域以外的部位进行遮蔽，比如轮胎采用轮胎罩，以及采用方向盘套、座椅套等防护物品。

（8）上护理剂

1）使用前要先摇晃几下，挤出适量的护理剂在打蜡海绵上，单手压着海绵，用力一致，以逆时针的方向，均匀涂在漆面上，按同一方向以划圆圈形式对车身膜上护理剂（图7-57），每次只施工一个位置。

图7-57 车身膜护理剂

▶车身膜护理

2）擦拭护理剂（稍等片刻即可擦拭）沿上护理剂的同一方向，按同一顺序划圈擦拭。擦拭毛巾不要太硬，但一定是干的。擦拭毛巾为纯棉材质，要求擦拭力度适中。使用擦拭毛巾的时候要折叠成方块状，五指并拢，压在毛巾上。

3）上护理剂的顺序为从前至后、从上至下，护理剂涂抹时，要覆盖前一条护理剂所涂抹面积的约三分之一，这样才能均匀地涂在车身膜上。

（9）清洁

当护理作业完毕时，需要拆除遮蔽膜，并清洁残胶。

（10）自检

当清洁护理项目作业完成时，需要检查车内及车辆外观的洁净情况。

08

第八章 汽车美容养护产品与销售话术

目前市面上各种汽车美容养护产品多而杂,进口的、合资的、国产的各有优缺点,选购时无从下手。特别是消费者通常不知道美容养护用品的特性、使用方法、适用范围、注意事项等,导致产生选择上的误区。

本章主要讲解的是目前市面上的各种美容养护产品的分类,主要包括清洗、治理、护理与添加剂共四大类,具体说明了各类产品的作用、使用方法、注意事项,还讲解了部分汽车美容养护项目的销售话术,读者可分类查找和参考应用。

一、清洗类

清洗类的产品主要包括车身外观清洗以及内饰清洗两种,应根据清洗部位不同及使用需求不同,选择对应的产品。

1. 车身外观清洗

外观清洗的产品主要作用是清洁车身漆面、玻璃、轮毂等部位的污渍,大多是高浓缩原液,需要通过兑水进行稀释后才能使用。

(1)洗车香波浓缩液1:200(图8-1)

1)作用:该产品为高效手工洗车香波,可快速有效去除各种漆面上的灰尘、虫尸等污渍,温和不伤配件,不含磷。

2)使用方法:将本品按1:200的比例兑水稀释后,用柔软海绵擦进行擦洗,然后用水冲净并擦干。

图8-1 洗车香波浓缩液1:200

▶ 洗车香波浓缩液2

3）注意事项：不可在阳光直射下或热漆面上使用；不可让产品干燥；防止产品霜冻。

（2）强力洗车浓缩液（图8-2）

1）作用：该产品为经济高效二合一浓缩液，可快速彻底去除常见灰尘污垢，未稀释浓缩原液可去除顽渍污垢。

2）使用方法：将原液按1∶400的比例与水勾兑混合；若需要去除顽渍污垢，可采用浓缩原液进行施工。

3）注意事项：用浓缩原液直接清洗物体，清洁完毕后，需立即用水将物体表面冲洗干净。

（3）强力预洗液（图8-3）

1）作用：本品为强碱浓缩清洁剂，可有效去除落花和花粉，适用于高压清洗和自助预洗，也可用于清洗重型货车和苫布。

2）使用方法：不可使用原液。预洗喷洒器按1∶50至1∶100的比例进行稀释，高压清洗设备按1∶20至1∶50的比例进行稀释，具体按照施工部位和脏污程度而定。配比小于1∶10的预洗液仅限于清洗刷具。喷施后，用水冲净或洗车即可。

3）注意事项：不可在热表面上使用；不可让产品干燥；防止产品霜冻；气温强烈波动和阳光直射皆有可能引起产品变色，但不影响产品性能和效果。

（4）强力高泡去污预洗香波（图8-4）

1）作用：本品为活性泡沫预洗香波，强力去污不含磷，适用于自动洗车设备和配有泡沫枪的自助洗车设备。

2）使用方法：用泡沫拱架将本品原液或最高1∶10的稀释液喷洒于车身上。调整水、气、产品比例，以产生优质泡沫。本品单车耗用量约为5~10mL。

3）注意事项：防止产品霜冻；气温强烈波动和阳光直射皆有可能引起产品变色，但不影响产品性能和效果。

图8-2 强力洗车浓缩液

图8-3 强力预洗液

图8-4 强力高泡去污预洗香波

（5）快速玻璃清洁剂（图8-5）

1）作用：本品可快速有效去除风窗玻璃和前照灯上的硅渍、油污、虫尸以及玻璃内面和后视镜上的油膜、尼古丁等，不留条痕、清晰通透；也可用于清洁家中镜面、玻璃，或用做黏土擦或黏土球施工的润滑剂。产品为柠檬香型，不含磷。

2）使用方法：将本品原液用喷壶喷洒在玻璃和刮水器上，用干净擦拭布或纸巾擦去残留物，再用干净擦拭布或纸巾将玻璃和刮水器擦净。

图8-5　快速玻璃清洁剂

3）注意事项：防止产品霜冻；不可在阳光直射下或热表面上使用；不可让产品干燥；切勿让儿童接触。

4）成分：① 1-甲氧基-2-丙醇，5%~10%；②乙醇，1%~3%。

2. 内饰清洗

内饰清洗涉及的部位包括皮革、塑料件、织物表面，清洁剂的区别为需要直接使用还是需要将浓缩原液兑水稀释。

（1）内饰清洁剂（图8-6）

1）作用：适用清洁所有内饰，温和去除顽固污渍，清香怡人。

2）使用方法：将本品原液喷洒或涂抹在干净擦拭布或纸巾上，然后擦拭内饰表面，再用干净擦拭布或纸巾将内饰表面擦净。

3）注意事项：防止产品霜冻；不可在阳光直射下或热表面上使用；不可让产品干燥；切勿让儿童接触。

图8-6　内饰清洁剂

（2）内饰清洁剂（浓缩液）（图8-7）

1）作用：本品适于清洁各种内饰、漆面及塑料件，温和有效去除座椅、地毯、车顶内衬、仪表板和门板上的顽固污渍，气味清新怡人，不含磷。

2）使用方法：将本品按1:5的比例兑水稀释后，用耐酸碱喷壶将其薄薄地喷在脏污处，然后用织物皮革清洁刷，粗糙表面（如地毯等）可用深度清洁刷进行擦拭。使用镀晶专用擦拭布擦掉溶解污渍，清洗擦拭布后，继续擦拭。如此反复，直至将其擦拭干净，晾干即可。

图8-7　内饰清洁剂（浓缩液）

3）注意事项：对于敏感表面，可用温水按1:10至1:50的比例进行稀释；防止产品霜冻。

（3）织物清洁泡沫（图8-8）

1）作用：能有效去除巧克力、冰淇淋、可乐、咖啡、番茄酱等顽固污渍，适用于软垫、地毯、车顶内衬等织物的清洁。

2）使用方法：将本品直接喷涂在织物表面，然后使用干净擦拭布或纸巾进行擦拭，再用干净擦拭布或纸巾将织物表面擦净。

3）注意事项：防止产品霜冻；不可在阳光直射下或热表面上使用；切勿让儿童接触。

图8-8 织物清洁泡沫

（4）多功能清洁剂（图8-9）

1）作用：高效通用清洁剂，用于清洁汽车内外部和车身膜，材料兼容性广泛。

2）使用方法：将本品直接喷涂在物体表面，然后使用干净擦拭布或纸巾进行擦拭，再用干净擦拭布或纸巾将物体表面擦净。

3）注意事项：防止产品霜冻；不可在阳光直射下或热表面上使用；切勿让儿童接触。

图8-9 多功能清洁剂

二、治理类

治理类分为两种类型，一种是以清洁剂方面的产品为主，另一种是以漆面抛光类产品为主。

1. 清洁剂

治理类清洁剂主要涉及的是车身外观部件和发动机舱，包括车漆表面、轮胎轮毂、发动机舱以及玻璃等。

（1）车身外观清洁

1）昆虫清除剂（大桶装）（图8-10）。

①作用：本品采用特殊清洁物质，可快速有效去除玻璃、漆面和塑料件上的虫尸及其他蛋白质污渍，温和不伤材质，不含磷。

②使用方法：将本品喷在脏污处，待其作用3~5min。如有必要，可用海绵擦拭，然后，用水冲净或照常洗车。

③注意事项：不可在阳光直射下或热表面上使用；不可让产品干燥；施工前，先在不明显处测试表面适用性；防止产品

图8-10 昆虫清除剂
（大桶装）

霜冻。

2)昆虫清除剂（便利装）（图8-11）。

①作用：有效深入漆面、玻璃、合金、塑料表面，快速清除各种昆虫尸体及残留物，适合在洗车之前使用。

②使用方法：将本品喷在脏污处，待其作用3~5min。如有必要，可用海绵擦拭，然后，用水冲净或照常洗车。

③注意事项：不可在阳光直射下或热表面上使用；不可让产品干燥；施工前，先在不明显处测试表面适用性；防止产品霜冻。

图8-11 昆虫清除剂（便利装）

3)树液、鸟粪去除剂（图8-12）。

①作用：用于清除树液、鸟类粪便，操作轻松简便，不留残渣。用于清洁漆面、玻璃、镀铬件、塑料件，且不伤表面。

②使用方法：将本品喷在脏污处，待其作用3~5min。如有必要，可用海绵擦拭，然后，用水冲净或照常洗车。

③注意事项：不可在阳光直射下或热表面上使用；不可让产品干燥；施工前，先在不明显处测试表面适用性；防止产品霜冻。

图8-12 树液、鸟粪去除剂

4)水泥、油污清除剂（图8-13）。

①作用：专业去除漆面及喷漆塑料件上的顽固污渍、道路污渍和工业粉尘。

②使用方法：将本品喷在脏污处，待其作用3~5min。如有必要，可用海绵擦拭，然后，用水冲净或照常洗车。

③注意事项：不可在阳光直射下或热表面上使用；不可让产品干燥；施工前，先在不明显处测试表面适用性；防止产品霜冻。

图8-13 水泥、油污清除剂

5)柏油清洁剂（图8-14）。

①作用：快速而温和地去除柏油、焦油和油污。

②使用方法：将本品喷在脏污处，待其作用3~5min。如有必要，可用海绵擦拭，然后，用水冲净或照常洗车。

③注意事项：不可在阳光直射下或热表面上使用；不可让产品干燥；施工前，先在不明显处测试表面适用性；防止产品霜冻。

图8-14 柏油清洁剂

6）金属去污膏（图 8-15）。

①作用：有效清洁护理铝、铜、黄铜、镀铬等未喷漆金属件。车用、家用均可。

②使用方法：将本品直接涂抹在金属物品表面，然后使用干净擦拭布或纸巾进行擦拭，再用干净擦拭布或纸巾将金属物品表面擦净。

③注意事项：防止产品霜冻；不可在阳光直射下或热表面上使用；切勿让儿童接触。

图 8-15　金属去污膏

7）玻璃抛光剂（图 8-16）。

①作用：可快速去除汽车玻璃黏附的油污，适用于所有玻璃及灯罩、塑料件的抛光护理，包括汽车塑料部件。

②使用方法：将本品直接涂抹在物品表面，然后使用干净擦拭布或纸巾进行擦拭，再用干净擦拭布或纸巾将物品表面擦净。

③注意事项：不可在阳光直射下或热表面上使用；不可让产品干燥；施工前，先在不明显处测试表面适用性；防止产品霜冻。

图 8-16　玻璃抛光剂

8）玻璃油膜去除剂（图 8-17）。

①作用：本品适用于玻璃内侧（既车内玻璃表面），可快速有效去除车窗玻璃上的顽固污渍和镀膜残留，防止产生划痕。

②使用方法：先彻底清洁玻璃或物件表面，再将本品喷于玻璃或物件表面，最后用柔软无尘毛巾擦拭至干净即可。

③注意事项：请在阴凉通风处使用和储存，远离火源和阳光直射；勿溅入眼睛，如不慎溅入，请用大量清水清洗，并及时就医。

图 8-17　玻璃油膜去除剂

9）玻璃除冰剂（图 8-18）。

①作用：该产品可快速除冰和清洁玻璃，有效防止再结冰；不伤漆面、塑料和橡胶件；内含甘油成分，能保持橡胶柔韧。

②使用方法：将本品直接涂抹在玻璃表面，待冰雪融化后，再将玻璃表面擦净。

③注意事项：不可在阳光直射下或热表面上使用；切勿让儿童接触。

图 8-18　玻璃除冰剂

10）去污润滑液（图 8-19）。

①作用：黏土擦专用去污润滑液。

②使用方法：将车漆表面进行简单的清洗，然后使用本品搭配黏土擦在车漆表面进行涂擦去除漆面深层污垢。

③注意事项：防止产品霜冻；不可在阳光直射下或热表面上使用；切勿让儿童接触。

图 8-19　去污润滑液

（2）轮毂清洁

由于轮毂的材质分为多种，若在不熟悉材质情况下使用含有酸性物质的清洁剂，容易导致损毁轮毂漆面，因此建议采用不会腐蚀轮毂漆面的不含酸清洁剂。

1）轮毂清洁剂（不含酸）（小桶装）（图 8-20）。

①作用：当轮毂表面有难以清除的污渍时，再选用本品。该产品使用时无刺鼻味道，清洁效果也非常明显，可以去除常规制动粉末和锈渍，操作方便。

②使用方法：将本品喷在脏污处，待其作用 3~5min。如有必要，可用海绵擦拭，然后，用水冲净或照常洗车。

③注意事项：如果轮毂有损伤划痕，建议先进行翻新修复，再使用本品；切勿让儿童接触。

图 8-20　轮毂清洁剂（不含酸）（小桶装）

2）轮毂清洁剂（不含酸）（大桶装）（图 8-21）。

①作用：本品可轻松去除钢质、铝合金、镀铬和抛光轮毂上的制动衬片粉末及其他道路灰尘。该产品呈中性，温和不伤轮毂。该产品适于胎压监测系统。

②使用方法：将本品近距离均匀足量喷于轮毂上，待其作用 3~5min，至产品变红。顽固污渍可用海绵或刷子去除，然后用水冲净即可。

③注意事项：不可在阳光直射下或热表面上使用；不可让产品干燥；防止产品霜冻。

图 8-21　轮毂清洁剂（不含酸）（大桶装）

3）特级轮毂清洁剂（便利装）（图 8-22）。

①作用：快速高效清洁轮毂，适用于所有轮毂，不含酸，对轮毂无腐蚀性。

②使用方法：将本品喷在脏污处，待其作用 3~5min。如有必要，可用海绵擦拭，然后，用水冲净或照常洗车。

③注意事项：不可在阳光直射下或热表面上使用；不可让产

图 8-22　特级轮毂清洁剂（便利装）

品干燥，防止产品霜冻。

（3）发动机舱清洁

发动机清洁剂主要分为可直接使用的和浓缩原液需要稀释的两种，功能目的大多为去除顽固油污。

1）发动机清洁剂（图8-23）。

①作用：清洁和去除发动机、车辆内部机器和动力传动零部件上的所有油腻污渍。

②使用方法：将本品喷在脏污处，待其作用1~2min。如有必要，可用毛刷刷洗，然后，用毛巾搭配吹气枪擦净即可。

③注意事项：使用前注意避免起动发动机并对电路接口做防水处理。

图8-23 发动机清洁剂

2）发动机清洁剂（浓缩）（图8-24）。

①作用：本品可快速有效去除机器零部件、发动机、变速器、加油机和工具上的顽固油污；无溶剂，不含磷；易于分离。

②使用方法：依脏污程度，将本品按1:1至1:10的比例进行稀释。用漆面刷、海绵擦、泡沫枪或手动喷壶喷/涂施工，然后用水冲洗干净即可（不建议使用高压水枪）。

③注意事项：不可用于热表面；不可让产品干燥；防止产品霜冻；气温强烈波动和阳光直射皆有可能引起产品变色，但不影响产品性能和效果。

图8-24 发动机清洁剂（浓缩）

2. 漆面抛光类

抛光剂的切割力（CUT）数值越大，代表去划痕的能力越强，相对的亮度（GLOSS）会降低；亮度数值越高代表亮度呈现效果越亮。另外，通过使用不同的砂纸打磨漆板，然后根据抛光剂能够去除的砂纸痕种类，来确认抛光剂的切割力值，以下为6种切割力值区别。切割力为1的最高可去除P3500砂纸产生的砂纸痕；切割力为2的最高可去除P3000砂纸产生的砂纸痕；切割力为3的最高可去除P2500砂纸产生的砂纸痕；切割力为4的最高可去除P2000砂纸产生的砂纸痕；切割力为5的最高可去除P1500砂纸产生的砂纸痕；切割力为6的最高可去除P1000砂纸产生的砂纸痕。

（1）纳米去旋纹抛光剂（3:6）（图8-25）

1）作用：可去除漆面旋纹，主要用于针对一般漆面或有较

图8-25 纳米去旋纹抛光剂（3:6）

深划痕状况抛光后的漆面进行旋纹处理。

2）使用方法：①使用前摇匀本品，将本品涂在中度抛光盘上；②抛第一遍时，垂直压力为5~10kg，转速在800r/min，每平方米作用时间不超过30s；③抛第二遍时，垂直压力为1~2kg，转速在1500r/min，每平方米作用时间不超过30s；④用细柔毛巾抹去抛光残留物。

3）注意事项：本产品需配合抛光机使用，需要专业技术人员操作，非专业技术人员不建议施工。

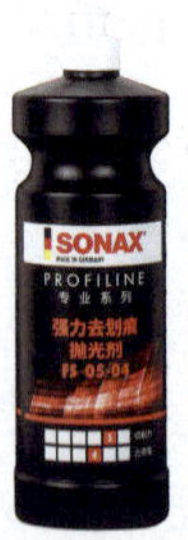

（2）强力去划痕抛光剂（5:3）（图8-26）

1）作用：可去除漆面较深划痕。

2）使用方法：同纳米去旋纹抛光剂（3:6）使用说明，抛光盘为重度抛光盘。

3）注意事项：同纳米去旋纹抛光剂（3:6）注意事项。

图8-26 强力去划痕抛光剂（5:3）

（3）漆面去划痕磨砂膏（6:2）（图8-27）

1）作用：可去除漆面较深划痕。

2）使用方法：①使用前摇匀本品，将本品涂在重度抛光盘上；②抛第一遍时，垂直压力为5~10kg，转速在800r/min，每平方米作用时间不超过30s；③抛第二遍时，垂直压力为1~2kg，转速在1200r/min，每平方米作用时间不超过30s；④用细柔毛巾抹去抛光残留物。

3）注意事项：同纳米去旋纹抛光剂（3:6）注意事项。

（4）强力去划痕抛光剂（6:3）（图8-28）

图8-27 漆面去划痕磨砂膏（6:2）

图8-28 强力去划痕抛光剂

1）作用：可去除漆面较深划痕，并可实现抛光增亮一步到位。

2）使用方法：①在抛光处洒上适量的水之后，用P1000或颗粒更细的砂纸进行打磨，完成后用布清理干净；②少量均匀地挤上抛光剂，用装有超重度抛光盘的抛光机，在操作区域以正常低转速抛光10s，操作时轻轻地倾斜抛光机；③用较小的压力进行再次抛光，大概 20s，并保持抛光机处于与漆面平行；④做最后一步还原。

3）注意事项：同纳米去旋纹抛光剂（3:6）注意事项。

三、护理类

1. 漆面护理

漆面护理的养护产品在功能和效果维持时间上会有所区别，效果维持时间分为一个月、一季度、半年或一年以上，在操作上也分为快速护理和专业工序护理两种。

（1）特级纳米 1 号新车护理蜡（图 8-29）

1）作用：用于 1 年以内的新车，以及抛光后、重新喷漆漆面。

2）使用方法：用洗车液清洗车身并擦干，挤出适量车蜡于专用海绵上，以打圈方式涂抹均匀，每次涂抹面积约为发动机舱盖的 1/4，等待约 30s 后，用干净毛巾擦拭干净，重复以上步骤完成整个漆面施工。

图 8-29 特级纳米 1 号新车护理蜡

3）注意事项：①打蜡作业环境良好，尽量选择室内无尘环境；②避免在高温环境下打蜡，否则车辆表面温度高，车蜡在车漆上的附着能力会下降，影响打蜡效果；③打蜡应遵循先上后下的原则，即先涂抹车顶，再涂抹发动机舱盖及行李舱盖，最后涂抹车身侧面，逐片操作；④打蜡结束后，要仔细检查并清洁车灯、门边橡胶等非漆面材质残存的车蜡，防止对这些材质产生副作用。

（2）特级纳米 2 号次新车护理蜡（图 8-30）

1）作用：用于 1~2 年的八九成新车，轻微磨损漆面，可淡化车漆表面细微划痕。

2）使用方法：同特级纳米 1 号新车护理蜡使用方法。

3）注意事项：同特级纳米 1 号新车护理蜡注意事项。

（3）特级纳米 3 号去划痕护理蜡（图 8-31）

1）作用：用于 2 年以上的旧车，色泽暗淡、漆面老化的情况，可淡化车漆表面细微划痕。

图 8-30 特级纳米 2 号次新车护理蜡

2）使用方法：同特级纳米 1 号新车护理蜡使用方法。

3）注意事项：同特级纳米 1 号新车护理蜡注意事项。

（4）至尊特级 100% 巴西棕榈蜡（图 8-32）

1）作用：其紧密分子结构能深入保护漆面，可减轻日常环境对车漆的影响，并可提高漆面疏水的能力。

图 8-31 特级纳米 3 号去划痕护理蜡　　图 8-32 至尊特级 100% 巴西棕榈蜡

2）使用方法：①车辆清洗干净后擦干，取少量车蜡置于掌心揉搓或用海绵蘸取；②将车蜡分区轻轻涂抹在车身上，首次涂抹面积约 0.5m²，分区多次涂抹，不要一次性将漆面涂完；③涂抹完约 1min 后，等车蜡呈凝固状时，用下蜡毛巾擦拭干净；④分区重复以上步骤，直至完成所有漆面施工。

3）注意事项：①避免在高温环境下打蜡，否则车辆表面温度高，车蜡在车漆上的附着能力会下降，影响打蜡效果；②打蜡应遵循先上后下的原则，即先涂抹车顶，再涂抹发动机舱盖和行李舱盖，最后涂抹车身侧面，逐片操作；③打蜡结束后，要仔细检查并清洁车灯、门边橡胶等非漆面材质残存的车蜡，防止对这些材质产生副作用。

（5）特级漆面光洁护车素（图 8-33）

1）作用：快速清洁护理，保持漆面亮丽光泽。

2）使用方法：①车辆清洗干净后，漆面无须擦干，直接取少量车蜡置于海绵上；②将车蜡分区轻轻涂抹在车身上，首次涂抹面积约 0.5m²，分区多次涂抹，不要一次性将漆面涂完；③涂抹完约 1min 后，等车蜡呈凝固状时，用下蜡毛巾擦拭干净；④分区重复以上步骤，直至完成所有漆面。

3）注意事项：同至尊特级 100% 巴西棕榈蜡注意事项。

（6）漆面釉/金钢护车素（图 8-34）

图 8-33 特级漆面光洁护车素　　图 8-34 漆面釉/金钢护车素

1)作用:长效保持漆面亮丽光泽。

2)使用方法:同漆面光洁护车素使用方法。

3)注意事项:同漆面光洁护车素注意事项。

(7)漆面水晶镀膜液(图 8-35)

1)作用:可保持漆面亮丽光泽 6 个月。

2)使用方法:同漆面釉/金钢护车素使用方法。

3)注意事项:同漆面釉/金钢护车素注意事项。

图 8-35　漆面水晶镀膜液

(8)去水镀膜液(图 8-36)

1)作用:用于漆面、镀铬件、塑料件的快速高效镀膜,洗车时即可完成镀膜,使漆面光泽亮丽,持久防水防尘。

2)使用方法:车辆清洗擦干净后,将本品喷在海绵上,再在车漆表面均匀涂抹,最后用毛巾轻轻擦亮即可。

3)注意事项:不可用于热表面;不可让产品干燥;防止产品霜冻;切勿让儿童接触。

图 8-36　去水镀膜液

(9)纳米镀晶剂(图 8-37)

1)作用:该产品为非结晶类型镀晶,可提高漆面光泽,增强漆面疏水性,同时,可以减轻污渍对漆面的侵害,使漆面不易龟裂。

2)使用方法:①漆面抛光,去除漆面细微划痕(新车不用抛光);②漆面清洁,清洁漆面污渍;③毛巾擦拭,用毛巾将漆面擦拭干净;④挤出镀晶,挤出适量镀晶于海绵白色面;⑤分区涂抹,漆面分区域均匀涂抹(每区域大概为 1/4 个发动机舱盖);⑥擦拭干净,当涂完一个区域后,就用毛巾将漆面擦拭干净,按此步骤完成整个漆面施工。

图 8-37　纳米镀晶剂

3)注意事项:镀晶后 1h 内勿触碰漆面,3 天内勿淋雨,7 天内勿洗车;如果期间不慎沾水,立即使用干净毛巾擦干。

(10)超级镀晶 CC36(图 8-38)

1)作用:该产品为结晶类型镀晶,可提高漆面光泽,增强漆面疏水性,同时,可以减轻污渍对漆面的侵害,使漆面不易龟裂。

2)使用方法:同纳米镀晶剂使用方法。

3)注意事项:同纳米镀晶剂注意事项。

图 8-38　超级镀晶 CC36

2. 车身外观护理

车身外观的护理涵盖外后视镜、塑料件、橡胶件、内外部塑料件等部件。

（1）外后视镜驱水剂（图8-39）

1）作用：高效驱水，在玻璃表面形成一层隐形防水层，水滴落上去无附着力。

2）使用方法：①产品摇匀后，距离约15cm将其均匀地喷洒在镜面上，不用擦拭，可形成驱水层；②下雨天镜面有水珠时，直接喷洒在镜面上，水珠会形成水幕流下。

3）注意事项：使用前，请将镜面清洁干净，无油膜等污渍。（否则影响效果）

图8-39　外后视镜驱水剂

（2）塑料件护理剂（图8-40）

1）作用：本品用于清洁护理汽车内外部各种塑料件，有效遮盖暗斑划痕，使塑料件重焕初始色泽，适于保护发动机外壳。该产品为硅基无溶剂乳液，不油、不黏，防水效果出众。

2）使用方法：依所需光泽，最高可按1:2的比例兑水稀释后使用。若用于发动机外壳护理，在发动机外表清洗擦干后，用吹气枪吹干凹槽处和点火系统，然后，将本品均匀地喷洒在发动机外壳上。若用于塑料件护理，用塑料件清洁擦或柔软擦拭布将产品均匀地涂在塑料件上。

3）注意事项：不可在阳光直射下或热表面上使用；防止产品霜冻。

图8-40　塑料件护理剂

（3）门窗橡胶清洁上光防冻护理剂（图8-41）

1）作用：可清洁护理门窗上所有橡胶部件，保护门板密封处，防止橡胶冻坏，保持橡胶柔韧性。

2）使用方法：摇匀本品，适当用力按压海绵擦头至液体渗出。均匀擦拭护理，稍作晾干，如有需要可用布擦拭收光。

3）注意事项：本品为护理产品，如果橡胶部件因长期不护理已经产生的褪色、龟裂、腐蚀等现象，本品不可以修复。

图8-41　门窗橡胶清洁上光防冻护理剂

（4）橡胶件护理剂（图8-42）

1）作用：有效护理轮胎和橡胶条。

2）使用方法：适用于橡胶件护理，先清洁橡胶件物体表面并擦干，挤出适量产品于擦拭工具上，然后均匀擦拭橡胶件表

图8-42　橡胶件护理剂

面，待 1min 后，使用干净毛巾擦拭干净即可。

3）注意事项：不可在阳光直射下或热表面上使用；防止产品霜冻。

（5）外部橡胶件表面修复剂（图 8-43）

1）作用：本品可修复严重褪色的外部橡胶件，使其恢复光泽。

2）使用方法：先清洁外部橡胶件物体表面并擦干，挤出适量产品于擦拭工具上，然后均匀擦拭外部橡胶件表面，待 1min 后，使用干净毛巾擦拭干净即可。

图 8-43 外部橡胶件表面修复剂

3）注意事项：不可在阳光直射下或热表面上使用；防止产品霜冻。

（6）内外部塑料件护理剂（图 8-44）

1）作用：本品可保护外部塑料件，使其重焕初始光泽。

2）使用方法：先清洁内外部塑料件物体表面并擦干，挤出适量产品于擦拭工具上，然后均匀擦拭内外部塑料件表面，待 1min 后，使用干净毛巾擦拭干净即可。

图 8-44 内外部塑料件护理剂

3）注意事项：不可在阳光直射下或热表面上使用；防止产品霜冻。

3. 轮胎轮毂护理

轮胎轮毂护理的养护产品可以有效去除附着在轮毂表面的粉尘和污渍，清除附着在轮胎上的污物，并在轮胎表面形成一层类似蜡或者釉的保护层，在一定时间内有效防止污物附着，还能延缓轮胎硬化开裂。

（1）轮胎光洁凝胶（图 8-45）

1）作用：本品上光、护理功能二合一，使轮胎具有深度黑亮光泽，适用于各种轮胎。每瓶至少可供 50 个轮胎清洁上光使用。凝胶涂层可预防雨水和每周洗车对轮胎的影响。

图 8-45 轮胎光洁凝胶

2）使用方法：先清洁轮胎表面并擦干，待轮胎干燥后挤出适量产品于海绵上，然后均匀擦拭轮胎表面，待自然干燥即可。

3）注意事项：①重污轮胎，先用洗车香波洗净并擦干；②不可用于轮胎贴地面和制动系统；③不适用于摩托车和自行车轮胎。

▶ 特级轮胎上光护理胶

（2）轮胎上光护理剂（图 8-46）

1）作用：本品拥有清洁、修复和保护等功能，可促使轮胎恢复最初的深度黑亮光泽，并使轮胎保持柔韧性。每瓶可供 24 个轮胎使用。

2）使用方法：在没有厚重污垢的情况下，无须清洗轮胎，直接喷上即可护理。泡沫丰富细腻，能深度滋养轮胎，可保持橡胶韧性，并提升轮胎光泽，让轮胎发黑发亮。喷上 5min 后，使用干净毛巾擦拭干净即可。

图 8-46　轮胎上光护理剂

3）注意事项：不可在阳光直射下或热表面上使用；防止产品霜冻。

（3）轮毂镀膜液（图 8-47）

1）作用：本品能长效保护各种铝合金、钢质、镀铬和抛光轮毂，具有防水、防尘、耐盐、防止再污染的功能。

2）使用方法：先清洁轮胎表面并擦干，待轮胎干燥后将本品涂抹在轮胎橡胶表面，待 5min 后，使用干净毛巾擦拭干净即可。

图 8-47　轮毂镀膜液

3）注意事项：不可在阳光直射下或热表面上使用；不可让产品干燥；防止产品霜冻。

4. 发动机舱护理

发动机舱护理的养护产品具备金属件的润滑功能，以及引擎外部防水、防尘、防止再污染的功能。

（1）发动机外部镀膜液（图 8-48）

1）作用：本品具有长效保护发动机外部，以及防水、防尘、防止再污染的功能。

2）使用方法：先清洁发动机外部表面并擦干，待表面干燥后将本品涂抹在发动机外部表面，待 5min 后，使用干净毛巾擦拭干净即可。

图 8-48　发动机外部镀膜液

3）注意事项：使用本品时，发动机外部必须处于常温或低温状态，不可在阳光直射下或热表面上使用；不可让产品干燥；防止产品霜冻。

（2）发动机外围金属件护理剂（图 8-49）

1）作用：本品具有长效保护引擎外围金属件，以及防水、耐盐、防止再污染的功能。

图 8-49　发动机外围金属件护理剂

2）使用方法：先清洁引擎外围金属件表面并擦干，待表面干燥后将本品涂抹在引擎外围金属件表面，待 1~2min 后，使用干净毛巾擦拭干净即可。

3）注意事项：不可在阳光直射下或热表面上使用；不可让产品干燥；防止产品霜冻。

（3）金属件护理剂（图 8-50）

1）作用：本品为耐盐防水透明护理蜡，喷上后，即可形成一层密封蜡膜，长效保护各种金属件，防止生锈腐蚀；尤其适用于车辆、机器及所有停工入库设备的冬季长效保护，也可防止涂鸦。

2）使用方法：只可用于干燥洁净表面，不可用于发热部件；可在洗车店通过油水分离器用高压热水枪和柏油清洁剂去除蜡膜。

图 8-50 金属件护理剂

3）注意事项：不可在阳光直射下或热表面上使用；防止产品霜冻。

5. 其他

车用护理产品的功能可适用范围较广，涉及内饰皮革、空调杀菌、玻璃防雾、去除异味，以及金属的防锈与润滑等方面。

（1）至尊级皮革护理液（图 8-51）

1）作用：适用于各类光滑皮革表面，能有效去除顽固污渍，不伤害皮革本身。

2）使用方法：使用本品前先清洁皮革表面，摇匀并挤出适量护理液到海绵擦或无纺布上，然后均匀擦拭皮革表面，待自然干燥即可。

图 8-51 至尊级皮革护理液

3）注意事项：施工过程应注意用量把控，产品即涂即擦，避免用量过多而未擦拭干净产生印记。产品不适用于绒皮、麂皮或颗粒状皮革；不可以用于方向盘、摩托车皮革和热表面；使用前，先在不明显处测试皮革色牢度和耐磨性。

（2）多功能防锈润滑液（图 8-52）

1）作用：本品与金属表面有较强的亲和力，能够将湿气和水分排除，形成保护膜，隔绝湿气和空气，用于一些金属的防锈与润滑方面，具有出色的润滑效果。本品不含硅，非树脂化。

2）使用方法：将本品直接喷涂在需要处理的地方，待 1~2min 后，使用干净毛巾擦拭干净即可。

图 8-52 多功能防锈润滑液

3）注意事项：不可在阳光直射下或热表面上使用；防止产

品霜冻；切勿让儿童接触。

（3）空调除菌剂（图8-53）

1）作用：强效除菌，快速消毒。有效去除车内空调系统中99.9%的大肠杆菌、金黄色葡萄球菌、铜绿假单胞菌、黑曲霉菌、白色葡萄球菌，87.77%的脊髓灰质炎Ⅰ型病毒，93.4%的甲醛，91.6%的氨和85.7%的总挥发性有机化合物（TVOC），除菌、消毒、去异味三效合一，使用简便高效。

▶ 空调除菌剂清新剂

图8-53　空调除菌剂

2）使用方法：①起动汽车，关闭全部车窗玻璃；②将空调设置为最大风速制冷，开启内循环，并打开所有出风口；③将前排座椅向前推，椅背前倾，打开产品雾化按钮喷雾，放置于后排脚踏处约5min；④打开门窗和行李舱通风约10min，恢复前排座椅位置。

3）注意事项：①该产品为压力容器，应远离热源、火源；②施工气温须在10℃以上；③不可直接喷于皮革、塑料或软垫上。

（4）空调清洁剂（益生菌）（图8-54）

1）作用：本品可快速平衡菌落、轻松清洁空调和通风系统，有效去除并防止产生异味，长效清洁空气。有效去除99.99%的H1N1流感病毒、91.3%的甲醛、92.2%的氨、89.6%的TVOC。施工简便，清新高效。

▶ 汽车空调清洁除菌剂

图8-54　空调清洁剂（益生菌）

2）使用方法：同空调除菌剂使用方法。

3）注意事项：同空调除菌剂注意事项。

（5）异味去除剂（图8-55）

1）作用：本品能有效清除烟味、汗味、动物体味等异味，车用、家用皆可。

2）使用方法：①直接喷在车内空间和内壁、顶篷、座椅的表面以及空调出风口，快速清除臭味异味，有效地提高车内的空气质量；②建议在气温较高且有太阳的日子里，将车停在阳光下，并打开所有车门车窗进行通风，实现空气的循环流通，达到除味的效果。

图8-55　异味去除剂

3）注意事项：不可在阳光直射下或热表面上使用；防止产品霜冻。

（6）玻璃防雾剂（图 8-56）

1）作用：有效防止车窗及未镀膜摩托车头盔护目镜内部起雾，使视野更清晰，驾驶更安全。

2）使用方法：①彻底清洁玻璃或物件表面；②将本品喷于玻璃或物件表面；③用柔软无尘毛巾擦拭至干净即可。

3）注意事项：请在阴凉通风处使用和储存，远离火源和阳光直射；本品适用于玻璃内侧（既车内玻璃表面）；防止溅入眼睛，如不慎溅入，请用大量清水清洗，并及时就医。

图 8-56　玻璃防雾剂

（7）玻璃膜防雾喷剂（图 8-57）

1）作用：有效防止贴膜车窗内部起雾，能让驾驶车辆更安全。

2）使用方法：同玻璃防雾剂使用方法。

3）注意事项：同玻璃防雾剂注意事项。

图 8-57　玻璃膜防雾喷剂

四、添加剂

汽车玻璃水是车主常用的添加剂，但由于适用区域不同，环境温度差异，所以配方成分的占比也会有所区别。汽车玻璃水主要由水、酒精、乙二醇、缓蚀剂及多种表面活性剂组成，广泛用于汽车玻璃、后视镜及家用玻璃、办公室玻璃、门窗玻璃、装饰玻璃等多种玻璃的快速去污、光亮清洗。某些区域会有特殊但不常见的功能需求，使用前需先查看使用说明。

（1）快速玻璃清洁剂（图 8-58）

1）作用：快速去除内外玻璃上的虫尸、污渍和尼古丁。车用家用皆可。

2）使用方法：①用清水冲洗掉玻璃上的砂石；②将喷嘴旋转至"ON"的位置，然后将本品喷在玻璃上；③待 1min 左右，用洁净毛巾擦拭干净即可。

3）注意事项：防止产品霜冻；不可在阳光直射下或热漆面上使用；不可让产品干燥；远离儿童。

图 8-58　快速玻璃清洁剂

（2）浓缩雨刷精

浓缩雨刷精的种类有很多，例如无味常温款（图 8-59）和香味款，香味款又包括海洋清香型（图8-60、图8-61）、樱桃香型（图8-62、图8-63）、柠檬香型（图8-64）、苹果香型（图8-65）等。

1）作用：①迅速去除风窗玻璃上的顽固污垢、油渍、雨渍等；②形成一层保护膜，防止灰尘和油污附着，使刮水器片刮拭地更平滑、安静、洁净，保持驾驶视野广阔清晰，更能柔和保护刮水器片。

2）使用方法：①使用时，可先往水箱中注水，再倒入浓缩雨刷精；②稀释比例为1∶100，如水箱容量为2.5L，则需倒入浓缩雨刷精25mL；③常温款产品注意防冻，需存放于常温的环境中。

3）注意事项：防止产品霜冻；不可在阳光直射下或热漆面上使用；不可让产品干燥；远离儿童。

图8-59　无味常温款浓缩雨刷精

图8-60　海洋清香型浓缩雨刷精1

图8-61　海洋清香型浓缩雨刷精2

▶特级纳米浓缩雨刷精

图8-62　樱桃香型浓缩雨刷精1

图8-63　樱桃香型浓缩雨刷精2

图8-64　柠檬香型浓缩雨刷精

图8-65　苹果香型浓缩雨刷精

（3）冬季玻璃水

冬季玻璃水的功能类型很多，车主需根据所在地区的冬季温度情况选择，例如-30°冬季玻璃水（图8-66）及-25°冬季玻璃水（图8-67）。

1）作用：该产品为高效的冬季风窗玻璃清洁剂，具有较好的清洁力，能快速清洁风窗玻璃且不留痕；清洁时刮水次数较少，产品消耗较少；与漆面、塑料兼容；内含甘油成分，能有效保持刮水器的柔韧性；适用于扇形喷嘴。

图 8-66 -30° 冬季玻璃水　　图 8-67 -25° 冬季玻璃水

2）使用方法：打开发动机舱，打开玻璃水水箱，倒入玻璃水，起动刮水器。

3）注意事项：0℃以上的常温环境建议选择常温玻璃水；0℃以下的寒冷天气，根据地区温度选择合适的冬季玻璃水。

五、汽车美容养护销售话术

通常，客户喜欢和门店的技术人员进行交流，认为技术人员可以很专业地处理问题，但技术人员通常是技术思维，在回答客户问题时所讲述的专业术语过多，导致客户不理解其意思，因此，就需要和销售人员进行协调沟通。而在门店实际经营当中，技术人员与销售人员需建立标准销售话术与沟通流程，这样才能提升成交几率，降低沟通成本。

另外，一个好的销售，仅拥有本职的技能和话术技能是远远不够的，销售能力的具体化也是销售工作中的一种技能。销售常在与客户交流，目的是带着感情行动，理解客户，引导客户。不同产品所需的销售技能和语言不一样，只有熟悉各种产品的相关信息，才能顺利地将产品销售出去。

以下为销售话术四要素，本节以纳米镀晶养护项目为例，更多项目的销售话术技巧，可参考附录。

1. 售前顾客分析

（1）目标客户

1）新车：不可抛光，会损伤车漆，强势推荐。

2）旧车：根据车主的保养习惯，有美容观念的可向其请教，进而推销。

3）旧车：保护较差，没有美容观念，可向其传授相关常识，并分析利弊，引导销售。

4）常客：根据其护理周期，定期推荐。

5）在雨季的时候加大推荐力度。

6）在洗车的过程中仔细观察，分析其漆面防水性能，做针对性推荐。

（2）漆面保养小常识

1）车辆使用前、中、后，要及时地清除车体上的灰尘，尽量减少车身静电对灰尘的吸附。

2）雨后及时冲洗。雨后车身上的雨水会逐渐蒸发，使雨水酸、碱性物质的浓度逐渐增大，如果不尽快用清水冲洗雨渍，久而久之就会损伤漆面。

3）洗车应待发动机冷却后进行，不要在烈日或高温下清洗车辆，以免清洁剂被烘干而留下痕迹。平常自己动手冲洗车辆时要用专用中性洗涤剂和活水，不得使用碱性较大的洗衣粉、肥皂水和洗涤灵，以防洗掉漆面中的油脂，加速漆面老化。如在洗车场洗车，应防止洗车人员使用脱蜡洗涤剂，以免漆面受到伤害。行驶在沿海或污染严重地区的车辆，应坚持每周最少冲洗一次。

4）擦洗车辆要用干净、柔软的擦布或海绵，防止夹杂金属屑和砂粒，勿用干布、干毛巾、干海绵擦车，以免留下划痕。擦拭时，应顺着水流的方向自上而下轻轻地擦拭，不得画圈和横向擦拭。

5）对一些特殊的腐蚀性极强的痕迹（如沥青、鸟粪、昆虫尸体等），要及时清除。对此，必须用专用清洁剂清洗，不可随意使用香蕉水或用汽油清除，以免伤害漆面。

6）注意不要用带有油污的脏手触摸车身漆面或用油抹布随意擦洗漆面，不要将沾有油污的工具或含有有机溶剂的擦拭布置于车身上，以免产生化学反应。

7）漆面若无明显划痕，不要轻易重新进行喷漆，以防止漆色不合或接合不好。

8）车辆长期停驶，应停在车库或通风良好的地方，冬天应用专用车身罩覆盖。临时停放时，要选择阴凉的地方。

9）防止对车身漆面进行强烈冲击、磕碰和划伤。如发现漆面有伤痕、凹陷或脱落，应及时进行修补，最好是到专业店修补。

10）对镀铬金属件的清洗，应使用金属光亮剂，定期对其打蜡进行保护。

11）对车身装饰件的清洗，要用质量较好的洗涤剂；打蜡时不要擦抹过重，避免穿透漆层而露出底层原色。

12）汽车从出厂的那一刻就要做漆面保养，如果不做，漆面会被腐蚀，变得没光泽、粗糙。

13）现在的新车都在油漆外层喷了一层清漆。清漆可以使漆面光亮好看，也能保护漆面。应特别提醒客户新车不要进行封釉，或者去做漆面抛光，那样就是花钱把新车漆面降低到旧车漆面的水平。因此，新车不要抛光，打蜡也要采用专用的不含研磨剂的专用蜡。

2. 顾客邀约

（1）开场技巧（7种开场白）

1）单刀直入。×××先生/小姐，您好！我们店新推出一项叫做纳米镀晶的护理项目，您有兴趣了解一下吗？

🔧 提示：直接导入产品介绍的内容。

2）专家顾问。×××先生/小姐，您好！是否有时间？我想向您介绍一些车辆漆面护理的小知识。

🔧 提示：先导入漆面保养小知识，再导入产品介绍。

3）尊人为师。×××先生/小姐，您好！看您的漆面保护得非常好，请问您平时都是怎么做日常保养的？

🔧 提示：根据其的保养习惯和保养重点，与纳米镀晶配合推荐。

4）设置悬念。
①开场：×××先生/小姐，您好！您想不想知道怎么样可以使您的车更漂亮？
②引导：最近汽车行业新推出一种新的汽车美容方法，不知您是否有了解？

🔧 提示：根据其回答，再导入产品介绍。

5）羡慕赞美。
①开场：×××先生/小姐，您好！您的车太漂亮了，是我最喜欢的一款车。
②侦察：您的漆面保养得非常好，请问有什么秘诀吗？
③推荐：我们店里最近推出的一个项目，除了有您上面项目的功能外，还有××××的作用。

🔧 提示：后续可以导入产品介绍的内容。

6）闲话家常。
①开场：您好！今年的天气太反常了，不停地下雨，很影响您平时出行吧？
②调查：您的车身漆面好像有水渍哦。

③侦察：您有没有采取过什么方法去除呢？

④暗示：如果长时间不清除，会腐蚀漆面，久而久之会更加难看的。

⑤更多的同情：这样漂亮的车，如果漆面被腐蚀就太可惜了。

⑥解答：不过最近我们店里推出了一个项目，它应该可以为您解决这个问题。

> 提示：后续可以导入产品介绍的内容。

7）临场发挥。根据顾客的性格特征、汽车特征及当天的情况，临场发挥，切忌生硬。

（2）邀约参观

邀约参观话术：×××先生/小姐，您好！如果您有时间，我可以现场演示一遍给您看一下效果！

3. 产品介绍

（1）什么叫做纳米镀晶？

纳米镀晶是在车身漆面均匀地涂抹一层纳米镀晶保护剂，它可以在车漆表面快速形成一层保护层，从而达到防氧化、防酸雨的作用。

（2）做纳米镀晶有什么好处？

主要是增加漆面的排水速度，可以防酸雨。现在空气污染比较严重，下雨后如果不及时洗车，就会留下水渍，破坏车辆漆面，做了纳米镀晶，疏水性能好，对漆面可以形成有效的保护。

（3）纳米镀晶跟打蜡有什么不同？

1）蜡的特点是去污、增光增亮、防酸雨。但其主要功能是漆面去污、增光增亮。

2）纳米镀晶主要功能是防水、防酸雨、防氧化，其防水性比打蜡会高许多。

3）打蜡的防水效果只能保持半个月左右，而纳米镀晶防水效果可以维持1年。

4）蜡会腐蚀漆面，但纳米镀晶是中性涂料，对漆面有保护作用。

5）如果希望有更好的效果，可以选择纳米镀晶后再做打蜡。

（4）纳米镀晶跟封釉的区别是什么？

1）釉和蜡的成分都是来源于石油，防水性一般。

2）封釉施工采用封釉机，而纳米镀晶采用手工施工，非常简单便捷。

3）做封釉之前必须要进行抛光处理，抛光的缺点是把油漆磨薄了，破坏漆面，新的油漆只能抛光五六次。但纳米镀晶操作简单不伤漆面，而且防水性能好，不限制次数。

4）相比起来纳米镀晶比封釉效果好很多。

（5）纳米镀晶跟镀膜相比有什么不同？

镀晶的效果是很好，但是相对来说会贵很多。当然，保持的时间也要长很多。

（6）防水性可以保持多久？

12个月以上，一年做1次。本店正在做活动，一次×××元，非常优惠哦。

（7）纳米镀晶对漆面有没有腐蚀？

纳米镀晶采用中性溶剂，没有任何腐蚀，对漆面起保护作用，无任何不良影响。

（8）怎么施工，需要多长时间？

镀晶施工有非常专业的流程。洗完车后，要清洗漆面的残留物，再去除漆面的划痕，然后采用镀晶处理剂清洁车身，最后才在漆面上涂抹镀晶剂。

4. 解决疑惑

（1）太贵了，可以便宜一些吗？

市场上镀一次膜有的都要好几千，镀晶只要×××元/次，性价比超高，已经很便宜了。

（2）下次吧，没时间。

纳米镀晶的操作流程非常简单便捷，只需要三个小时，不会耽误您太多的时间，而且对您的车漆有很好的保护作用。

（3）挺好的，但是我还是要再考虑一下！

您对哪方面还有疑惑吗？您可以说出来，我再向您解释一遍，或者我可以帮您做一个样板，你先试一下效果！

（4）暂时不需要，下次再来吧！

这个季节雨水比较多，早一点做镀晶，对您的爱车就会有更多的保护。

（5）我比较想做一个打蜡。

🔧 提示：先结合前文内容向顾客解释纳米镀晶与打蜡的不同，再导入下面的话术。

您的漆面受酸雨的影响比较严重，如果想有更好的效果可以选择先做漆面还原后再做一次纳米镀晶。

（6）我更想做一个封釉。

🔧 提示：先结合前文内容向顾客解释纳米镀晶与封釉的不同，再导入下面的话术。

封釉效果只能保持几个月，并且做抛光的过程会把油漆磨薄，破坏漆面，不能常做；纳米镀晶简单且不伤漆面。

（7）我觉得还是选择镀膜好了。

镀膜的效果是很好，但是相对来说保持的时间和效果要差一些。当然您选择镀晶或者纳米镀膜都是可以的。

（8）不要了，我没有做也没什么问题呀。

养车要从新车开始，漆面如果受到破坏，再去修复成本会更高，重喷一次油漆要几千甚至上万元，而且喷漆效果也远远赶不上原厂效果，原厂是用烘烤型的高温油漆，经200℃左右的温度烤出来的，而重喷的油漆是风干型的低温油漆，还是手工喷的，工艺肯定达不到要求。

（9）我没有做过，不知道到底效果好不好。

没有关系，我可以在您的发动机舱盖上做一块试一试，你可以看一下实际效果。

09

第九章
汽车美容营销文案编写核心步骤与技巧

互联网浪潮的不断推动和网络社会的快速发展，带给了大家很多便利，让人们足不出户即可了解到各方面信息，购买到各种各样的东西，实体店面经营受到冲击，越来越多的实体店主抱怨生意越来越难做。

在众多竞争对手当中，一个好的产品或者项目，如果没有进行适当的包装宣传推广，连让顾客记住的突出特征都没有，如何来吸引用户的眼球，让用户有机会与你互动、沟通、交流，最终产生交易行为？

采用低成本的网络营销推广工具和技术，比如通过制作短视频在朋友圈、视频号以及媒体平台进行推广，来吸引更多客户关注从而上门购买服务，相关的网络营销推广工作已经是当下实体门店日常工作的基本内容。

本章内容的目标是帮助读者初步认识营销文案，并从文案最重要的吸引读者眼球的标题开始叙述。对于不擅长沟通交流的读者，可以通过学习文案写作来提升个人竞争力，将制作的文案内容传递给客户。在不同的互联网平台上传递信息，掌握关键要领和技巧，了解法律法规与平台规则，搭配对应的营销工具（比如视频剪辑工具），在企业内部能创造更大的价值，在团队中能够出类拔萃，受到重视。汽车美容产品文案如图9-1所示。

图 9-1　汽车美容产品文案 1

一、文案标题的核心目的

学生时代,一般语文老师会教导:"写作文要有一个好的题目",因为题好文一半。新媒体时代,读者习惯了碎片化阅读,标题已然成为吸引眼球的手段。

因此,做好文案标题更贴合当下的传播方式,或者文案标题创作者迫使媒体使用更精致的标题来吸引受众,把文案标题变为真正的"好标题"。

1. 文案标题的确定

1)明确目标。明确文案输出的目的,针对的目标用户群体,根据目标用户群体的需求去制作文案,通过高质量的内容来实现用户的阅读、评论、点赞、转发。

2)用户需求。想要引起用户的关注,就需要去做好用户分析,思考用户喜欢的或者需要的内容类型,怎样去塑造内容才能够满足用户的需求。

3)搜索素材。搜索素材也是制作文案的基础之一,根据产品或者品牌的情况、自身的积累,以及用户需求分析,选择合适的素材进行文案的塑造,比如借助自身的经历来进行叙述,更容易吸引用户,引起用户的共鸣。

4)注意引导。在输出文案的时候,一定要站在用户的角度去进行内容的输出,顺着用户的思想去输出内容,不能站在自己的角度,认为内容是好的就去写,要明白我们的内容是针对用户,对用户产生引导,提升用户的认同感,从而实现用户转化和变现。

5)塑造标题。对于文案的标题一定要注意提炼,标题决定文章的开头和内容的走向,要保证标题和内容的一致性。

标题主要有两种写法:一是先写标题再写内容;二是先写内容,把内容的主体构思出来,再进行文章核心的提炼,形成一个标题。新媒体文案常用的方式有讲故事或者讲道理两种。

6)修改优化。好的文案需要进行反复的测试和修改,通过数据分析得出最佳的文案,调整的时间越长,用户的体验就会越好。汽车美容产品文案如图9-2所示。

图9-2 汽车美容产品文案2

2. 文案标题的作用

文案标题主要是展现核心关键词或产品亮点,概括文章内容,再把各部分的主要意思连起来,使读者把握文案的主要内容。也可以借助作品反映客观事物，传递知识信息，表达情感，比如幸福、喜悦、痛苦、忧伤、渴望等情感，最终把文章连成一体，使得整体结构完整，也提高了严谨性，更可以巧妙地抒发情感，让文章更有故事感。

（1）吸引注意

如果你的文案标题无法吸引住用户的注意力，那么你写标题就相当于无用功。犹如抓住一个男人的心，先抓住他的胃，对于写标题也是一样的道理，要先抓住读者的兴趣点，让读者一步一步地继续读下去。吸引住用户的注意力之后，你的文案就成功了一半。编写标题的时候，应提炼出最能代表你产品价值的一项优势，用直白、大胆的方式呈现出来。

汽车美容产品文案如图 9-3、图 9-4 所示。

图 9-3　汽车美容产品文案 3

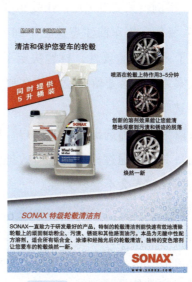

图 9-4　汽车美容产品文案 4

1）常见的用词如下。

①提供给用户好处，比如免费享受。

②宣布新消息，比如终于推出。

③提供有用的信息，比如 8 大对策、简单 3 步、10 条建议。

④其他常见用词：如何、快速、最后机会、错过一个亿。

2）常用的标题模板如下。

①模板一：只需……不用……。

举例：拥有好身材只需简单 3 步，根本不用去健身房。

②模板二：掌握……成为……。

举例：掌握这3大秘诀，你也能成为销售达人。

③模板三：用好……轻松……。

举例：用好这3个技巧，文案轻松上热门。

④模板四：简单……也能……。

举例：简单2招，小白也能学会镀晶。

⑤模板五：学会……轻松……。

举例：学会这4招，轻松摆脱社交恐惧症。

⑥模板六：步骤、时间、金钱、数量。

"步骤"举例：按照这四个步骤，从都可以学会抛光打蜡。

"时间"举例：三十秒就可以学会的视频剪辑方法。

"金钱"举例：只要9.9元，让爱车更亮丽。

"数量"举例：停车前注意这三个细节，保证车辆安全。

标题占了80%的重要性，标题决定了读者会不会被吸引，然后点击阅读你的文案，以及看完文案之后是否要留言说点什么和你进行互动。

（2）筛选听众

标题可以为文案筛选出合适的用户，剔除一些非潜在用户，既精准定位人群，又可以节省精力。其次，通过标题也能有效把握正文内容，假设产品目标人群是老年人，那就不用去考虑年轻人会不会感兴趣。

（3）激发好奇

要让用户看到标题之后，就产生"为什么？""为什么是这样的"这样的疑问。当用户产生好奇的时候，也就是让用户下单最好的时机。

（4）传递完整信息

80%的读者只看标题，看标题的人是看正文的4倍。因此，标题最好能够包含完整的信息，这样才能抓住那80%的人的目光。可通过细节描写抓住细微而又具体的情节，并对应用场景加以生动细致的描绘。

（5）设置悬念

一定要在标题中设置悬念，设置让用户意想不到的内容，这是文案标题中的核心，让用户的"脑洞"能因此"大开"，散发出无穷无尽的思维。悬念越深，让用户越好奇，这篇文案所达到的目的就会越好。

（6）引导读者阅读正文

有些产品无法用简短的文字来展示，必须引导读者在正文中去了解更多的信息，例如电子产品、课程培训等。你的标题要首先激起用户的好奇心，才会让他们花时间前往你的内文,可以是幽默感、吊胃口或提供福利等。

汽车美容产品文案如图 9-5、图 9-6 所示。

图 9-5　汽车美容产品文案 5

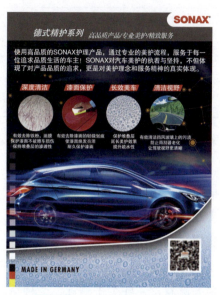

图 9-6　汽车美容产品文案 6

3. 编写文案的 4 个步骤

要想写好一篇文案,应该先去看一些别人的文案,了解同类文案大致都是怎么写的,都是什么内容,表现形式都是怎么样的。当你了解了同类文章的构造之后,你就可以自己来构思自己的文案该如何展开。

（1）文章框架

不管你要写一篇什么样的文章,首先都得确定文章的大体思路、写作方向、文章的整个框架走向是什么样的,确定了整篇文章的中心内容,再根据内容重点依次展开。

1）描述目标群体痛点：先确定产品目标群体,用户年龄段；再从健康、尊严、性别、情感、财务等方面描述目标群体的痛点（即最需要解决的问题）,并以此为逻辑顺序安排文案版面先后、大小、主次。

2）剖析原因：细致分析目标用户"久痛不止"的原因,更新用户认知。

3）对应产品功能：一个痛点对应一项产品功能。

4）提炼广告语：先提炼小标题,每个小标题对应解决一个痛点,在小标题的基础上提炼出总标题。

5）诠释（广告语、小标题）：用产品的功能、原料、产地、工艺等,对小标题进行补充说明,使小标题表达的观念、主张、情感等与产品融合在一起。文案指导工具表见表 9-1。

表 9-1　文案指导工具表

步骤	描述目标群体痛点	剖析原因	对应产品功能	提炼广告语	诠释
要求	全面，触动目标客户产生共鸣	符合公共认知，将目标客户需求，按公众关注度高低强弱进行排列	针对客户痛点，提供对应的解决方案	易读上口，包含使用结果	精确诠释标题
举例	车漆划伤	小刮、小蹭	隐形车衣	防刮、防蹭	防刮、防蹭，为爱车贴上隐形车衣！

文案示例：防刮、防蹭，为爱车贴上隐形车衣！

（2）文章开头

文章的开头非常重要，它就像人的脸一样，最先看到的就是它。开头写得能够吸引人，读者才会有兴趣继续看下去。怎么写一个好的开头呢？可以用一些幽默的语句，勾起人们想阅读的欲望。

（3）文章内容

很多人都看过一些关于测评、"种草"的文案，这类文案内容该怎么去写？其实这一类的文案并没有你想象中的那么难写，只要明确你描述的产品是一个什么样的产品，整篇文章围绕产品展开，重点突出产品的优势，让读者能有兴趣了解这个产品。

（4）文章结尾

文章的末尾我们应该注意一些什么呢？要怎么为一篇文章写一个好的结尾呢？文章末尾一般都是对整篇文章的总结，是结束语，写结尾的时候要点明内容主旨。

汽车美容产品文案如图 9-7、图 9-8 所示。

图 9-7　汽车美容产品文案 7

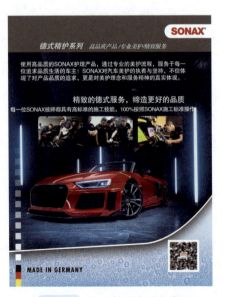

图 9-8　汽车美容产品文案 8

二、编写文案标题的方法技巧

有一些文案,刚看一段就看不下去了,感觉就像你在口渴的时候,让你啃馒头,堵得慌。也有些好的文案,会让人不知不觉从头看到尾,感觉时间过得超快,甚至有点意犹未尽的意思。

文案应采用最生活化的词语,让别人一听就懂,因为别人只有先听懂,才能感兴趣;只有对你产品感兴趣,才有可能产生成功的交易。而让人看不下去的文案可能存在一些常见的错误。

1. 常见错误类型

1)自傲类型:犹如"王婆卖瓜——自卖自夸"这句歇后语。

2)专业类型:通篇文案晦涩难懂,只有文绉绉的专业术语,就像工作报告的内容。

🔧 提示:传达过于自信的内容,犹如打遍天下无敌手,而且内容专业术语过多,仅业内人士能理解或看懂,目标读者像看"天书",完全不理解文案表述的意思,这类文案是不可取的。汽车美容产品文案如图9-9、图9-10所示。

图9-9 汽车美容产品文案9

图9-10 汽车美容产品文案10

2. 上瘾文案类型

(1)多用"你"

好文案就是跟人一对一地交流,原因很简单:只有你跟别人一对一地聊天,别人才会重视，才会觉得有必要认真听你说。例如下面两句话。

1）创业者在资金不足时，精神压力巨大，甚至失眠、难以入睡！

2）资金不足时，你是不是精神压力巨大，甚至失眠、难以入睡？

如果你是一个创业者，也有相同的经历，以上哪一句话会立马让你停下来，继续看内容？因为文案中多了"你"，别人自然而然地会认为，你是在跟他/她说话，因此就会重视，愿意听你继续说。

（2）多用大白话

很多读者开始写文案的时候，会有很大的"包袱感"，他们会想到底应该用什么文字，才能既优美，又精准地表达自己想说的话呢？

其实，一些高手写文案的秘诀，从来都是想怎么写，就怎么写，价值清晰传递，甚至他们会假想，一个目标用户就站在自己对面，然后会直接假设在和用户聊天，怎么聊的，就怎么写，最后简单地修饰到顺畅即可。

当你的文案写完后，请站起来大声地读一次。如果读起来觉得很拗口，很显然节奏有问题；如果觉得啰唆重复，很显然速度感有问题。另外，相信你绝对不会跟你的朋友用以下这样的语言说话：①某纳米镀晶，增亮疏水；②某课程0基础，0门槛学习；③某镀膜疏水透亮、光滑；④某玻璃水，去油去污；⑤某品牌，市场占有率达70%。而可能会用下面的通俗用语："我的车镀晶之后，手摸漆面的滑顺感特别好，洗车冲水的时候，能看见水像在跳舞似的"。

示例：①快速提升撰写能力，轻松提交文案标题！②别人用1天写出来的文案，让你1个小时就能搞定，甚至比他写得还要好！

> 提示：实际文案应用会采取示例②，以聊天场景中所用的语言为基础。

（3）植入情绪

不希望别人看你的文案标题像是跟一个冷冰冰的机器人在对话，可以在文案中植入你自己的情绪，例如以下文案。

1）惊讶的情绪：天呐！一场周年庆活动，他竟然卖了1200万元！

2）愤怒的情绪：三更半夜找我老公出去唱歌喝酒的，都不是好东西！

3）恐惧的情绪：吓死我了！一只蟑螂差点飞到我脸上！

情绪是可以感染人，可以让用户产生共鸣感的。所以，当文案中有了情绪，别人就会感受到共鸣。

汽车美容产品文案如图9-11、图9-12所示。

图 9-11 汽车美容产品文案 11

图 9-12 汽车美容产品文案 12

（4）善用网络热词

每一年，网络上都会出现一波又一波流行语，例如"伤害性不高，侮辱性极强""内卷""凡尔赛""我太难了"等。这些时髦的网络词汇之所以能流行，能传播开，能被大众所喜欢，就是因为特别接地气。当文案中添加了这些词汇，别人看到以后就会感觉非常亲切。

（5）制造对话现场感

在文案中，制造和用户的对话现场感！

示例：①"原价 999 元的文案赚钱营，今晚 12 点前报名，只要 99 元"；②晚上 8 点，我将在群里，公布我从未在公开场合透露过的收钱文案的核心秘密；③已经 11 点了，你睡了没？没睡的话，跟你讲个赚钱的秘密。

> 提示：这样的文案内容给人的感觉，就像此时此刻站在用户面前，跟他聊天、说话、谈心。这就是对话现场感，一旦文案有了这种感觉，用户一下就会被勾住！更重要的是，用户会觉得你的文案很真实，有亲和力。想要文案做到这一点，就一定要用通俗语言！

（6）夸张

这类标题娴熟运用夸张修辞，能够很好地引起读者的注意，比较适合观点独特、发表看法感悟的文章。例如《关于汽车美容你不得不知道的几件事》《连马爸爸都震惊的新型商业模式》等。

（7）猎奇

这类标题通常是以问题的形式出现，或者明显带有解密性质，能够让读者不知不觉地就点进来。例如《难道你还没看出来×××？》《不是每一个人都要点开这篇文章，除非……》等。

（8）击中软肋

有些文章每次看总会有种想哭的冲动，总感觉鼻子酸酸的，内心有一种疼痛感。这就叫击中了你的情感软肋，引起了你的共鸣，适合走心的文章。例如《愿你能内心平静》《每个人心里，都有一种孤独》或者《我愿意折腾，你管得着吗？》等。

（9）蹭热点

文案标题通常利用受众对热点问题的关注，借当下流行语、名人和轰动事件的社会效应来吸引受众眼球，比如《×××1个亿的小目标你也可以》《如果打蜡是5毛钱的效果，那么……》等。

（10）强力背书

背书原本是法律术语，在互联网时代，可以简单理解成专家、广告、人脉等能给产品带来很大流量的价值基础。在标题中，背书具体表现为《深度好文》《汽车后市场人必读》《顶流必学》《杰伦推荐》等，看到这样的背书，会让文案有一种很强的说服力。

汽车美容产品文案如图9-13、图9-14所示。

图9-13 汽车美容产品文案13

图9-14 汽车美容产品文案14

3. 文案标题类型

（1）解决问题型标题

1）问题够不够痛？例如《困扰我多年的×××问题，竟然靠一篇文章解决了》。

2）谁来解决？例如《×××亲述如何从0开始写作》。

3）怎么解决？例如《×××通过×××，开始……》。

4）解决后怎么样？例如《因为解决了×××，他……》。

（2）输出观点型标题

1）观点够劲爆，例如《西方将死，谁将永生》《读书无用，而是你没用》。

2）怎么得出观点的？例如《做汽车美容20余年，他说……》。

3）观点会影响什么？例如《按照×××的说法，人们会……》。

4）没懂这个观点会发生什么？《没看懂这篇文章，你可能会……》《读懂这个，你才会……》。

（3）故事型标题

故事型标题最为常见，同时也是最吸引人眼球的标题之一，主要有三种表现形式：第一种是成功型的故事标题，句式是"过去的心酸+现在的成功"；第二种是情怀型的故事标题，句式是"花费多长时间/放弃多少钱去做一件事"；第三种是将前两种句式结合的混合型的故事标题。如果你的内容没有开始和结尾，不建议用故事型标题。故事型标题示例如下。

1）开汽车美容店3年，我是如何从0基础走到12家连锁。

2）他通过3天学会漆面抛光，只因看了这本教程。

3）为何他的销售业绩这么好，因为他晚上都在做这件事。

（4）建议型标题

通常是作者先明确一个自己的身份，然后针对固定的人群进行建议而写的标题，一般建议型标题比较常规，在吸引程度上有一定的限制，毕竟广大读者很少是来听建议的。建议型标题示例如下。

1）开店10年的草根建议，招人千万别招这种！

2）致创业者：设计汽车美容套餐的3个建议！

3）为何我不建议大家使用脂肪族材质以外的隐形车衣？

汽车美容产品文案如图9-15、图9-16所示。

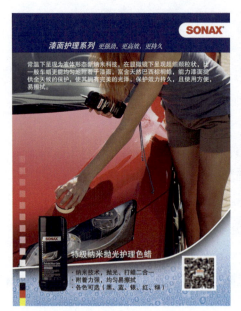
图9-15 汽车美容产品文案15

图9-16 汽车美容产品文案16

（5）提问型标题

这类标题大多是从读者心中的疑问出发，这样的标题能拉近作者与读者的距离，同时，也能一针见血地解决用户的疑问，增加用户的求知欲，而且这类标题的写作难度不高，通常是一问一答就解决了。这类标题一般使用"如何""怎么"和"为什么"，向读者提问并吸引他的注意力。

举例：如何1个月学会汽车美容抛光？

1）传递的信息："教你怎么学习汽车美容"。

2）吸引力：利用读者对问题的好奇。

3）目标读者：汽车美容学习爱好者。

⚙ 提示：如果以上条件全部满足，那么这个标题是成功的。

（6）矛盾型标题

矛盾是一种生产力，现实生活中，我们采用各种方式去化解和解决矛盾。对于文案来说，我们化解矛盾的方法就是阅读它。

举例："男朋友对我很好，但我主动分手了"。

1）传递的信息：爱情价值观。

2）吸引力：利用矛盾自身的引力。

3）目标读者：情感爱好者。

🔧 提示：标题是很矛盾的：对你很好还分手啊？读者往往很想了解产生矛盾的原因。

（7）利益点型标题

利益点型标题通俗来讲就是画大饼，能帮读者什么或者带来什么。

举例："只要这么做，让车漆像新车"。

1）传递的信息：汽车美容养护技巧。

2）吸引力：有什么比新车还有吸引力？

3）目标读者：爱车之人。

🔧 提示：此标题很直白地指出了实际的好处。

汽车美容产品文案如图9-17、图9-18所示。

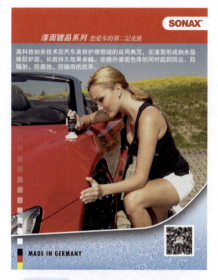

图9-17　汽车美容产品文案17

图9-18　汽车美容产品文案18

（8）对比式标题

对比式标题一定要有一个参照物进行对比，有的是一好和一坏来进行对比，也可以是与不相上下的参照物进行对比，也可以是好的比坏的好在哪里等，重点依然是需要与一个参照物进行对比，否则就不可能称为对比式标题。

1）对比过去式标题。对比过去式标题主要由以下要素组成：过去失败经验＋现在应该如何避免。

例如"曾经错过大学，别再错过本科"这个标题，就是利用读者不想要在同一个地方跌倒两次的心理，刺激读者付诸行动。

2）对比别人式标题。对比别人式标题主要有两种表现形式：一种是"同样的工作/年龄/收入等，别人做了A事件而自己没做导致了差距"，其中，A事件是优越性事件；另一种是"自己还在做A事件，别人已经在做B事件"；其中，B事件与A事件相比，具有领先性、优越性。对比别人式标题示例如下。

①汽车美容主管和汽车美容技师，区别究竟在哪里？

②进口车衣和国产车衣到底哪个好？

③技术人员和销售人员到底哪个重要？

（9）警示型标题

这类标题使用较少，一般广泛使用"千万别""要注意"等词汇，意在特意提醒读者，这类标题往往能让读者严肃起来。警示型标题示例如下。

1）注意！选择隐形车衣一定要明白这几点！

2）过来人的经验，供应商千万别乱选！

3）车漆镀膜这六大低级错误千万别犯！

（10）悬念型标题

悬念型标题主要有两种表现形式：一种是反常或好奇型悬念标题，句式是"反常或好奇的内容+引出疑问"；另一种是恐惧型悬念标题，句式是"警惕型词语+具体悬疑的内容"。这类标题表面上告诉了读者有什么东西，但具体是什么东西却埋下了伏笔。要吸引眼球，一定要留下悬念。

1）短短2天，他学会了汽车美容抛光，看到最后我服了！

2）不花钱的营销推广引流技巧，聪明的老板都在用！

3）看完这篇文章，你想不会写文案标题都不行！

汽车美容产品文案如图9-19、图9-20所示。

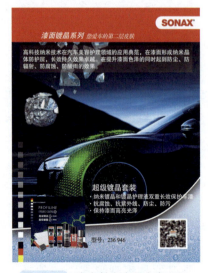

图9-19　汽车美容产品文案19

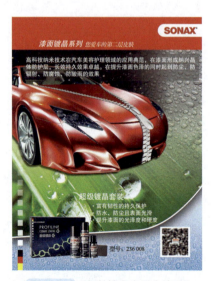

图9-20　汽车美容产品文案20

（11）经历型标题

所谓经历型标题是指通过实践得出经验，然后进行分享。一般这类标题对于用户而言可信度较高，参考性较强，谁都希望看到别人通过实践而得出的结论，并加以整合。经历型标题示例如下。

1）经营汽车美容店到底有多难？我写开店的这些年。

2）缺乏品牌系统支撑的后遗症，你开店千万别乱选汽车美容产品。

3）我做汽车美容店几年的总结：销售人员不要给固定薪资的几大原因。

（12）总结

文案标题类型非常多，站在不同的视野、角度说明或编写标题，会有不同的结果。例如以下几种标题类型。

①刻意夸张型。刻意夸张型分为数字夸张、情绪夸张等，代表标题有"99%的人不知道""14亿人都关心的事""买了某东西后后悔哭了""谁谁慌了，谁谁却乐开了花""某某的操作让你目瞪口呆"。刻意的夸张会令用户一眼看透，产生厌弃情绪。

②题文不符型。题文不符也有多种形式，有纯粹毫无关联的、断章取义的、猜测谣传的、内容主角不相关的等。例如《为什么国外校服那么好看，国内校服却像"麻袋"？这3个原因太扎心了》，标题主要内容是讲述校服，正文讲述的却是足球运动员相关事迹，无任何关联，用户阅读后会有上当的感觉，降低对作者的好感。

③故设悬念型。这类标题都是"话说一半"，故意留下悬念引发读者的好奇心，往往包含"万万没想到""最后结局亮了""真的很后悔"等内容，例如《这是贴的哪门子的改色车衣？真的很后悔》。标题表达很后悔贴改色车衣，但主要的目的是呼吁用户赶紧贴改色车衣，这就是典型的故意悬念型。这种标题引起受众点击阅读，本来目的是吸引用户，用词错误却适得其反。

④强制转发型。我们应该都经历过"不转不是中国人""不看后悔"等系列的内容，这种老套路很容易引起读者反感。

三、通用的文案核心要点

一个完整的文案一般具备故事结构，拥有故事的三部分，包括开端、对抗以及结尾。作为一篇故事性的文章，开端的节奏要快，在第一段或者第二段就要交代出人物和大致环境。第一部分结束的时候，要出现一个转折点，也就是事件发展的人物遇到了困难或挫折（情节点）。

继而就进行到了第二部分，即对抗部分，也是故事的高潮，主要是讲述人物如何面对困难，做出了哪些动作和行为，做出了什么改变去面对和解决困难。最后就是和主题有关的故事结尾。汽车美容产品文案如图9-21所示。

以《人在囧途》电影为例，故事结构都必须具备上述的三部分。

①开端：交代了主人公的一些环境背景。

②对抗：主人公春节要回家过年，他们遇到了什么阻碍，然后他们是怎么处理的。

③结尾：最后他们成功地回家了。

以上就是一个完整的故事性结构。

从一个完整的文案来看，想要写好文案，需要知道文案的底层撰写逻辑，好的文案都是有共性的，以下几点为通用的文案核心要点。

1. 标题抓人眼球

对于好的文案，标题很重要，标题最大的作用就是让人点进来，人来得越多，就越有可能卖得多。好标题的阅读量经常可以达到一般标题的1.3倍以上，假设转化率不变，这意味着能提高30%的营业额！

（1）富有新闻感的标题

图9-21　汽车美容产品文案21

1）树立新闻主角。想办法"傍大款"，把品牌和新闻焦点关联起来，比如明星地区、明星企业及明星人物。

2）加入即时性词语。即时性词语例如现在、今天、2023年（当年年份）、国庆节（当时节庆）、这个夏天、本周六等，人们总是更关注最新发生的事情。

3）加入重大新闻常用词，包括全新、新款、最新到货、引进、上市、宣布、曝光、终于、突破、发现、发明、蹿红、风靡等，让读者迅速感受到"有大事发生"。

以上的方法主要是借助热度获得更多的流量和曝光，只有曝光率高，点击率和阅读量才会高，产品销售的转化量也就提高了。

汽车美容产品文案如图9-22、图9-23所示。

图 9-22　汽车美容产品文案 22

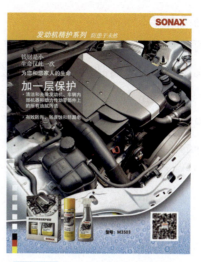

图 9-23　汽车美容产品文案 23

（2）好友对话式文案标题三元素

1）再次强调"你"这个字。举一个最简单的例子，别人对你说"谢谢"和说"谢谢你"，你是不是会认为后者更加吸引和打动你呢？

2）把所有书面语改为口语。例如一个标题："他写微信软文赚了 1173 万元，愿意手把手教你文案秘籍——只在这周六！"你不会和朋友说"文案大咖"，你会说"我那个朋友"或是"他"，你不会说"战绩辉煌"，你会说"赚了 1173 万"，你不会说"授课"，你会说"教你"，朋友之间就是这样聊天的呀！作者说用上这些口语词，能迅速拉近你和读者的距离。

3）加入惊叹词。就像有人在你前面走，突然朝你身后跑，你会不会被他吸引呢？同理，文案标题也是这样，激情是一种"传染病"，让所有人被吸引和感染。当你在标题里放入惊叹词时，读者就会忍不住驻足停留，例如"亲爱的！""小心！""注意！""太棒了！""牛！""好吃到哭！""羡慕吧！""我惊呆了！"等。

好友对话这种写作方法，不仅适用于文案写作，也适用于其他的文章，这种方法能拉近读者与作者的距离，从而增加读者的黏性。

（3）实用锦囊式文案标题写法

1）直接写出读者的烦恼：要说得很具体，让其他有同样苦恼的读者产生共鸣。

2）给出圆满结局和破解方法：要形容苦恼破解后的美好结果，还可以告诉读者你有破解的办法。引出产品，介绍产品的性能、效果等。

务必记住，即便是一篇销售文案，也要给读者带来收获感，给他们提供信息增量。

（4）提供价格优惠

不要着急报价，而是告诉读者产品最大的亮点：人气旺、销量高、功能强或者是明星青睐、媲美大牌。

应写明具体低价政策,例如"汽车镀晶,居然只要1块钱!"这个也可以作为标题,很多文案标题写着商品和特价时,就会吸引人点击。不要担心标题就透漏出是营销文案会影响读者点击率,这个其实没有关系,因为你文章就是为了卖货,读者奔着标题而来,就说明是有明确的购买意向的。

一个好的文案标题可以包含以下内容。

1)限时限量。"限时限量"这样的字眼,本身就带着一种催促感,读者看到这样的字眼内心就会急迫。很多人购买产品时,会对比好多家购物平台,然后选出最优惠的平台购买。但是推出"限时限量"购买时,读者就会着急下单,现在很多直播带货,其实就是用的这种方法。

2)客户证言。客户证言一般是开始描述没有用过产品的糟糕的状态,最后再讲述使用产品后美好的状态。这样的客户证言,不仅有真实感,而且有前后对比差距,更让读者信服。

3)创业故事(制造反差)。可以描述创始人学历与职业的反差、创始人年龄的反差、创始人境遇的反差、消费者回应反差等。

例如最近朋友圈受人关注的一个带货文案,讲述的是一个清华毕业的高材生,辞职创业做面膜的故事。这样的反差,激起了读者的好奇心,所以纷纷购买产品体验。

图9-24 汽车美容产品文案24

汽车美容产品文案如图9-24所示。

2. 激发购买欲望

如果产品卖点内容写得一般,读者购买欲只有3分或5分,写得精彩,能抬高到8分或10分,你要写到读者"心里长草"、心痒难耐才算成功。文案成功的第一步,是激发客户的购买欲,让他"心里长草",无法轻易走开。六个激发读者购买欲望的方法如下。

(1)感官占领

将自己假想成是客户正在感受产品,描述他的眼睛看到什么,鼻子闻到什么,耳朵听到什么,舌头尝到什么,身体和心里的直接感受。把感官感受记录下来,用孩子般的好奇心体验产品,用充满激情的文案感染客户。

这种感官占领的方法是通过你的描述，触动读者，让其产生亲临现场的感受。该方法先将感受填入表格中，再调整用词顺序，最后优化后可获得文案初稿。两个感官占领示范见表9-2和表9-3及其后的文案示例。

表9-2 感官占领示范1

感官	文案1	文案2
眼睛	一只完整的金灿灿的蒸鸡映入眼帘	一股烟向上飘
耳朵	大口咀嚼的时候，耳朵里好像能听到鸡汁四射的声音	—
鼻子	热鸡肉鲜美的味道	—
舌头	让人口水直流	咬了一口，鲜嫩的鸡肉终于进入口腔
手部	打开锡纸	我掰下鸡腿
身体	—	—
心里	没有任何防备地侵入	—
视觉	鸡皮渗着汁水晶莹发亮	—
嗅觉	—	—
听觉	—	—
味觉	混合着鸡肉跟盐的鲜美，还尝到枸杞的酸甜和当归的药香味	—
触觉	—	—
句末	这真是我尝过的最好吃药膳鸡	—

文案：打开锡纸，一只完整的金灿灿的蒸鸡映入眼帘，一股烟向上飘，热鸡肉鲜美的味道，没有任何防备地侵入，让人口水直流。我掰下鸡腿，鸡皮渗着汁水晶莹发亮，咬了一口，鲜嫩的鸡肉终于进入口腔，混合着鸡肉跟盐的鲜美，还尝到枸杞的酸甜和当归的药香味。大口咀嚼的时候，耳朵里好像能听到鸡汁四射的声音。这真是我尝过最好吃药膳鸡。

表9-3 感官占领示范2

感官	文案1	文案2
眼睛	这辆车拥有宽阔如客厅的车厢	产自国外的硬木和昂贵的威尔顿羊毛地毯
耳朵	你坐在驾驶室，按了一下起动键，发动机发出的声音非常轻	—
鼻子	你关上它那扇拱顶似的车门，准备享受顶级的驾驶体验，你周围都是华丽而芳香的皮革	—
舌头	—	—
手部	—	—

(续)

感官	文案 1	文案 2
身体	这辆车会体现出你独特的生活方式,感觉到了吗?当高达453hp的强劲动力召唤你释放它们时,你的肾上腺素正飞快地流过静脉血管	—
心里	你满意地点了点头,心想,如果它的价格没有超过你的心理价位,你一定会把它买下来	—
视觉	—	—
嗅觉	—	—
听觉	—	—
味觉	—	—
触觉	—	—
句末	这个时候,4S店的老板走了过来,你想,先听听老板怎么说吧!	—

文案:这辆车拥有宽阔如客厅的车厢,你关上它那扇拱顶似的车门,准备享受顶级的驾驶体验。你周围都是华丽而芳香的皮革,产自国外的硬木和昂贵的威尔顿羊毛地毯,这辆车会体现出你独特的生活方式,感觉到了吗?

当高达453hp的强劲动力召唤你释放它们时,你的肾上腺素正飞快地流过静脉血管。你坐在驾驶室,按了一下起动键,发动机发出声音非常轻,你满意地点了点头,心想,如果它的价格没有超过你的心理价位,你一定会把它买下来。

这个时候,4S店的老板走了过来,你想,先听听老板怎么说吧!

> 提示:利用表格加以练习,可以提升文案的写作能力。汽车美容产品文案参考如图9-25所示。

(2)恐惧诉求

正面说,形容读者拥有这款产品后的美好样子,鼓励读者购买。反面说,没有这个产品,你的爱车有多糟糕,让人觉得如果不购买的话,会是一种遗憾。简单来说,就是描述一个没有拥有这个产品的痛苦场景,阐述出如果没有这款产品,对读者的爱车会是一种损失的感觉。

举例:刚提的新车,第一次洗车后就出现细微划痕了,如果贴了隐形车衣,不就不用担心这种现象了吗?这样的场景描述,容易让读者联想并产生恐慌,为了不让爱车受到划痕伤

图9-25 汽车美容产品文案25

害,就会想赶紧入手。

(3)认知对比

1)描述竞品。找出自己竞争对手的弱点进行强调描述,这是一种写作手法,更是一种商业手段,但是一定要实事求是,不能故意拉踩。我们是为了自己利益的最大化,并不是一味地踩踏别人。汽车美容产品文案如图 9-26、图 9-27 所示。

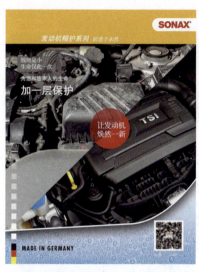
图 9-26 汽车美容产品文案 26

图 9-27 汽车美容产品文案 27

2)描述自己。一定要着重描述自己产品的优势,以及自己的产品能够带给读者什么样的利益。这样的对比,会让读者一目了然。这种写作方法,适用于成熟品类,在某方面更好的产品之间的较量。

在对比的同时,一定要保证客观公正,不要凭空捏造。这不仅是写作要求,也是我们做人的原则。

(4)描绘产品的使用场景

"多场景"可以刺激购买欲,让读者想象,他可以一次又一次地使用产品,不断获得幸福感和快感,产品可以成为他生活中经常用、离不开的好物件。

1)想出场景的方法。洞察目标客户一天的行程,思考他在工作日、周末、小长假、年假和大长假会做什么,把产品植入到这些场景里面。

2)描述要有画面感。比如你对一个女孩说:"我想每天醒来第一眼就看到你!",这样浪漫有趣,更重要的是会有美好的画面感。大家都比较认同的是,写文案要针对目标用户的感受而设计,要了解用户想的是什么,要用可视化的文字描述来影响用户的感受。写出有画面感文案的 7 个实用的方法如下。

①有明确的对象感,用最简单易懂的语言。文案是一种沟通形式,核心就是找到对的

人，用对的方式说对的话。写作是给人看的，所以一定要有自己的假想对象，感觉客户就坐在你面前，你在向客户娓娓道来你想说的。这样写出来的文案，才会有真实的画面感。

这个过程中，你自然也会意识到，应该用最简单最易懂，最生动的文字去写，因为没人在面对面说话时会说得复杂难懂，冠冕堂皇，否则别人会想：这人是不是有毛病？

汽车美容产品文案参考如图9-28、图9-29所示。

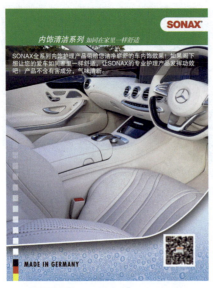

图9-28　汽车美容产品文案28

图9-29　汽车美容产品文案29

文字不要过于书面化，需要更口语一点；也不要啰唆，能一段说完的别分好几段，不要用五花八门的形容词来刻意包装你的文字，句子要短，节奏要快。

②利用形象化类比，找准用户熟知的事物。人对陌生的东西会天生没有安全感并抵触，更别提会有什么画面感产生，我们每一个人都习惯用固有的认知结构去理解新事物。

对于一个完全不具备背景知识的人来说，大量的描述性语言和一遍遍的解释会让他完全找不着北。这个时候，一个非常好用的绝招是，利用对方已有的熟悉的认知来解释或关联新事物，这样对方理解起来就会容易得多了，例如"把1000首歌装进口袋"。

③多用比喻，让文字更加具象生动。多用举例、多用比喻是个很好的文案习惯，它会让你和用户的"对话"更自然、更有趣。

比喻这种文字的具象化修辞手法，其实就是根据事物的相似点，用具体的、浅显的、熟知的事物与道理，来说明或描述抽象的、深奥的、生疏的事物与道理。

恐怖小说之王史蒂芬·金曾说过：比喻用到点子上带给我们的喜悦，好比在一群陌生人中遇到一位老朋友一般。将两件看似毫不相关的事物放在一起比较，有时可以让我们换一种全新的生动眼光来看待寻常旧事。

多用比喻也会加强文案的戏剧性，让文字显得更加生动具象，有画面感。

④多用细节描述，避免抽象模糊的文字。写文案就要多说细节，一堆抽象空洞的文字，只会让人看不进去，也不会产生画面的联想。

一堆模糊不清、抽象的信息很难让用户看进去，更别提建立清晰认知。而细节丰富的描述，能帮用户把内容具象化，产生画面感，更容易使读者产生兴趣，被打动，被卷入。

现在大多数文案都同质化严重，说的东西可能都差不多，这个时候，文案就更需要描述细节，这样才能够让你的文案跟别人的有所区别，打动人心的力量往往都在细节中。

在写文案时，不妨也多思考如何更多地去描述细节，一定要避免抽象模糊的东西，有细节一定要展示细节。不过，在此之前，你需要对描述的事物非常了解，需要学会洞察，观察积累生活中的细节。如果你对产品知之甚少，当然就写不出有画面感文案。对产品没用心，文案怎么会走心？

你说不会洞察？那就去观察，观察生活中的细节，记录下每个精彩的瞬间。空想的细节没用，好的细节源自真实，源自对事物足够深入的了解。

汽车美容产品文案如图9-30、图9-31所示。

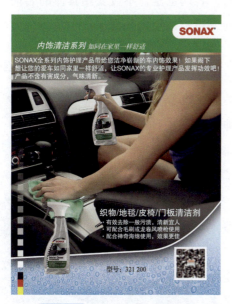

图9-30　汽车美容产品文案30

图9-31　汽车美容产品文案31

⑤打造场景，关联用户过往记忆。我们总是说文案要唤起用户的记忆，引起用户共鸣，引爆用户情绪。如果可以唤起用户内心深处的一个个熟知场景，有场景就会有画

面,那么用户兴趣多半会被激发。

我们那些印象深刻的"情景记忆",往往都和一个具体的场景相关,例如吃妈妈做的饭、不经意看到父亲老去的背影等。毫无疑问,场景是具象有画面的,它是在一个特定的时间、特定的空间内产生的一系列具体鲜活的画面或情绪,可能是你大学毕业时的一次聚会,可能是在大城市一次深夜想家的流泪,可能是某一次尴尬经历,也可能是一次离别……。场景化的文案,就是给用户制造一个场景联想,让过去的画面出现在用户的脑海里,让用户能触景生情,从而联想到品牌或产品,从而打动用户。

例如"不读书,混不下去啊!""我害怕阅读的人,尤其是,还在阅读的人。"

⑥用好参照物,让文案画面历历在目。人在认知事物的时候,天生就喜欢对比,而这个对比在很大程度上也影响了我们的决策。

一个好的参照物,能让用户很快就了解事物、产品的核心特点,评估出其价值,这就是参照效应,文案同理。

如果你没提供参照物,那么用户会按照过往固有的经验和认知去判断,也可能根本不明所以,很明显这是不受你控制的,弊大于利。而如果你提供了合适的参照物,用户就更会基于眼前的参照物进行对比和关联,从而达到你预期的效果。

⑦多用动词和具体名词,而不是形容词和抽象词。这个方法毫无疑问是贯穿以上所有方法的,在文案中应多用动词名词,少用形容词和抽象词。

动词是最容易让用户在脑海里浮现画面的,名词也是,不过要用具体的名词。如果你用太多的形容词,特别是那种笼统的形容词,很难让用户脑海中产生具体画面。汽车美容产品文案如图9-32所示。

举例:"那个男生长得非常帅!"。

这句话确实没什么画面感,在用"非常""帅"来形容人时,你无法理解他"帅"的程度。如果换一种说法:"那个男生长得比吴彦祖还帅!"这比喻的画面感就完全不一样了,可能你会说:"哇,真的吗?"。很明显,"非常""帅"这种抽象词,无法让用户产生画面感,也并不会产生多少具象认知。

另外,读者对于具体数字这种名词的接受程度,也远远高于抽象文字的描述,数字能够带来更清晰具体的画面。你说"这个人很高"和"这个人有195cm",画面感上就完全不一样。

文案的核心还是通过洞察,实现对策略的创

图9-32 汽车美容产品文案32

造性表达,要刻意训练,要拼细节与用心。汽车美容产品文案如图 9-33 所示。

图 9-33　汽车美容产品文案 33

（5）暗示这个产品很畅销

文案应该给读者心理暗示,让读者觉得你介绍的产品是一种畅销的商品,让人觉得自己不应该没有。心理学实验证明,74% 的人会受从众心理影响,利用人们的从众心理,明示或暗示产品畅销,不但能激发购买欲望,还能赢得读者信任。

例如很多公司会列出自己的销量、用户量、好评量等数据,体现自己行业领导者的地位,为的就是让人觉得产品畅销。

也有的公司描述的方式不一样,多数强调产品热销的局部现象,比如卖得快、回头客多或产品被同行业模仿,营造出一种火爆销售的氛围,同样也可以激发人们的购买欲。

（6）客户证言

精选几条生动的客户留言,用真实的使用感受证明产品好,不仅能激发客户的购买欲望,又能增强客户对产品的好感,是少数能一箭双雕的写作方法。客户证言成功的关键是挑选的证言,必须能击中客户的核心需求。

3. 赢得读者信任

用一个个无可辩驳的事实,证明我们的产品品质,赢得客户信任,最终让用户这样想：广告里说的产品性能我相信他们做得到,他们的质量没问题,就算有问题,也会给我解决方案,我已经看了足够多的产品对比,选他们的产品一定是明智的选择。

（1）权威转嫁

塑造权威的"高地位"和描述权威的"高标准",成功赢得读者的信任,一定要找出读者喜欢的方式。

权威转嫁的线索比如权威奖项、权威认证、权威合作单位、权威企业大客户、权威客户、团队中的权威专家等,如果找不到权威来推荐你的品牌,你可以描述哪些权威认同你的产品理念,间接支持你的产品品质。

(2)事实证明

事实证明的内容包括收集性能数据+链接到熟悉的事物。

1)交代产品的工作原理。列出一个关于产品的事实,不吹牛,不抹黑,公正客观,读者可以亲自验证真伪,以此来证明产品的卖点。

2)让读者感到信服的事实证明的方法。先搞清楚产品性能的精确数据,再将这个数据链接到熟悉的事物上。

当产品功能无法被直接证明时,我们可以通过各种物理、化学实验,比如用火烧、水泡、冰冻或使用化学试剂造成明显差异,来证明产品的功能。

(3)化解顾虑

主动提出读者可能担心的产品问题、服务问题和隐私问题等,并给出解决方案,让读者放心购买。很多人之所以不愿意购买,除了真的没有需求外,就是有顾虑。把他们的顾虑提前打消,就能激发购买冲动。文字中要展示出你对产品的强大信心及认真服务的态度,或轻松愉快地来个自嘲,都能提高读者下单的概率。编写制作文案,其实也是在做销售,如果销售自己都不认可自己卖的产品,又怎么能把产品卖给别人呢。汽车美容产品文案如图9-34所示。

图9-34 汽车美容产品文案34

4. 引导马上下单

（1）抛出价格锚点

告诉文案读者一个很贵的价格，然后展示自己的"低价"，文案读者就会觉得产品很实惠。

设计价格锚点的原则：消费者在对产品价格并不确定的时候，会采取以下两种非常重要的原则，来判断这个产品的价格是否合适。

1）避免极端：就是在有3个或者更多选择的时候，很多人不会选择最低或者最高的版本，而更倾向于选择中间的那个商品。

2）权衡对比：当消费者无从判断价值是高还是低的时候，他会去选择一些他认为是同类的商品去作对比，让自己有一个可衡量的标准。

消费者其实并不真的是为商品的成本付费，他们是为商品的价值感而付费。价格锚点的逻辑，就是让消费者有一个可对比的价格感知。

（2）帮消费者算账

在消费者付款前，帮他算一笔账，让他确定产品的价值远远高于价格，从而愿意下单。

把产品价格除以使用天数，算出用一天多少钱，让人感觉划算。比如买一台空气净化器，399元觉得有点奢侈，但是看到"24期免息，平均每天不到6毛钱，相当于不要钱！"这句话时，果断下单，尽管已经花了399元，但是坚信这款产品"不要钱"。如果产品能带某些功效或替代其他消费，可以帮消费者算出产品能帮他省多少钱，让他感到划算。比如选购洗车套餐，帮消费者算一下平均每次洗车只需要多少钱，如果购买了这款套餐，等于变相省钱。

（3）正当消费

当消费者认为买产品是为了个人享受时，他就会谨慎，担心行为太奢侈浪费，可能放弃购买。但是换种方式，告诉消费者买产品不是为了享乐，而是为了其他正当的理由，就能消除他内心的负罪感，促使他尽快下单。

人们通常认为，为了"上进、送礼、健康、孩子"这四件事情的消费都属于正当消费，但是用在自己身上就觉得有种负罪感。很多保健品的广告语，用的就是这种方法。

（4）限时限量

告诉消费者现在的优惠是限时限量的，如果错过，产品会涨价，甚至会售罄买不到，迫使他马上做出决策；告诉消费者不多的限量名额又遭到其他客户的预定，所剩更少，激发他们的紧迫感，促使他们马上下单；设置享受优惠的身份门槛，会让消费者感觉到机会难得，力度更大，从而马上下单。

这种写作手法，在营销学上叫"饥饿营销"，制造出产品很稀缺但是又很抢手的感觉，能迅速刺激消费者的购物神经，从而达到销售的目的。

引导马上下单的几种方法，都是营销学上的一些手段，我们在写销售文案，要时刻提醒自己，写文章是为了销售，所以要学会营销。

四、文案实务应用技巧

现有的网络平台中，涉及的无非是视频、音频和文字这三种传播形式，无论是哪一种都会涉及文案标题的制作。通过学习第五章中的案例拍摄积分标准，以及本章的文案标题相关的内容，读者最终需要自己实现制作完整的推广短视频及文案。以下以短视频及文案制作的流程，为读者提供一个更详细的参考。

1. 短视频拍摄作业流程

短视频拍摄作业流程见表 9-4。

表 9-4　短视频拍摄作业流程

序号	流程	作业内容	备注
1	起草脚本	构思并起草产品或项目的短视频宣传拍摄脚本内容	填写脚本表
2	设计文案标题	设计文案标题吸引关注，设计副标题进行关联辅助	参考本章内容
3	项目施工步骤	编写有逻辑性的作业流程，展现专业施工技术	参考拍摄脚本
4	构思景别画面	构思照片或视频的构图，摆拍多张、多个素材，并保留最佳素材	参考拍摄脚本
5	拍摄角度构思	关键拍摄技巧，近景、中景、全景的拍摄角度设计	1）近景：15°~20° 2）中景：30°~45° 3）全景：正面拍摄
6	字幕文本	按操作顺序进行编写	采用 1 对 1 的对话文案吸引读者
7	基本信息	施工车辆和产品基本信息	添加到视频上传的副标题中
8	自评文本	评论区自评	详情备注店面的联系人、电话、地址、位置或链接

2. 短视频及文案制作工具

互联网上能够应用的工具类型很多，有图片类和视频类等，需要多做一些案例进行操作，才能发挥工具的作用。常见的短视频及文案制作工具见表 9-5。

表 9-5　短视频及文案制作工具参考

序号	剪辑工具		文案素材		视频素材		其他工具	
	工具名称	工具类型	工具名称	工具类型	工具名称	工具类型	工具名称	工具类型
1	剪映	App、计算机软件	文案狗	计算机软件、微信公众号、微信小程序	新片场素材	计算机软件	稿定设计	计算机软件、App
2	快影	App	梅花网	计算机软件	光厂	计算机软件	醒图	App
3	万兴喵影	App	花瓣网	计算机软件	影时光	计算机软件	爱提词	App
4	Adobe Premiere	计算机软件	秘塔写作猫	计算机软件	万兴喵影	计算机软件	图片文字提取	App
5	快剪辑	计算机软件	小鸡词典	App、计算机软件	PLAYLIST	计算机软件	草料二微码	计算机软件

注：以上工具有免费及付费版本，在使用功能上有所不同，可根据自身需求应用工具，此信息仅供参考。

3. 短视频拍摄脚本范本

通用短视频宣传拍摄脚本见表 9-6。表 9-6 是以纳米镀晶短视频拍摄脚本为例。

表 9-6　通用短视频宣传拍摄脚本

拍摄场景	序号	景别	画面内容	视频转场效果	操作流程	字幕	音乐	时长/s
美容工位	1	中景	侧面角度拍摄，用中景拍全整辆车，画面由中景慢慢移动到镀晶产品的近景	每段画面之间需要植入转场效果	将车辆停放到工位，将镀晶产品和施工用具摆好	1）某车全车镀晶；2）施工店名；3）施工时间	震撼或轻快类音乐	3
	2	中景	侧面角度拍摄，用中景拍摄，画面由中景慢慢移动到车顶冲水处的近景		洗车人员进行外观洗车，由车顶开始冲洗	精致洗车		2
	3	近景	从中景到近距离拍摄人员擦洗车辆泡沫镜头		洗车人员进行有序的擦洗	泡沫擦洗		2
	4	全景	多角度拍摄全车抛光过程		车辆施工防护做好后进行全车抛光	全车抛光		3
	5	近景	多角度拍摄全车镀晶涂抹过程		全车镀晶涂抹	镀晶操作细节		2
	6	全景	正面拍摄，景别是从全景到近景，多角度拍摄全车竣工效果		竣工后清洁好工位	镀晶完成		3

注：1. 拍摄场景灯光的亮度必须足够。
　　2. 先采用视频剪辑软件进行各个片段剪辑，然后再进行汇总成片。

4. 文案标题案例参考

以下是汽车美容项目常见的文案标题，供读者参考。

（1）漆面镀晶

漆面镀晶文案标题见表9-7。

表9-7 漆面镀晶文案标题

序号	内容
1	镀晶神器，一键镀晶，轻松解决车漆难题
2	镀晶镀膜剂【镀晶】，一喷一擦，不再让你的爱车变脏了
3	有车一族注意了！镀晶镀膜剂，一喷一擦，提亮疏水
4	黑科技镀晶镀膜剂，一喷一擦，3秒镀晶，太实用了！
5	镀晶不到300元，现在买还送手表和钻石，手慢无！
6	车漆镀晶，防污防水，一喷一擦，3分钟搞定30次漆面保养
7	这镀晶太牛了！酸雨不用怕！自己动手，让爱车焕然一新
8	镀晶镀膜太牛了！一喷一擦，3分钟镀晶，变新车！
9	镀晶太厉害了！一喷一擦，黑科技镀晶，镀晶3分钟搞定
10	镀晶镀膜喷雾！一次性，3分钟黑光，一喷一擦，旧车变新车！
11	镀晶镀膜，一吸就亮，一喷一擦，79元2瓶！
12	"镀晶"真的很多，但是这款镀晶剂，一喷一擦持久保养
13	用了这个镀晶剂，不用去4S店，有车一族们都在用
14	【免费试用】镀晶一喷一擦，3分钟镀晶，轻松解决车漆问题
15	镀晶不怕太贵！德国黑科技！3秒镀晶，一喷一擦，旧车变新车！
16	【0元试用】清洗汽车镀晶剂，一喷一擦，白天使用，晚上变新车！
17	告别打蜡！自己在家就能镀晶，一瓶抵三瓶，简单好用又实用
18	镀晶镀膜，防水防污，污渍一擦即净，省钱又省心！
19	镀晶太麻烦？那是你没用对方法！赶紧试试这个！
20	老板都在用的镀晶镀膜剂，效果好还便宜！
21	这"镀晶增艳剂"一夜走红，老婆一下买了6瓶
22	镀晶镀膜卖疯了！镀晶镀膜3分钟，镀晶一次就不用洗车！
23	镀晶镀膜剂一夜走红！镀晶即可变新！效果好不用愁
24	镀晶镀膜剂，好用不贵，不伤漆，买2送1，货到付款
25	你养车还去4S店？这款镀晶镀膜剂，一喷一擦，1分钟镀晶
26	老司机都在用的镀晶神器，一喷一擦，3分钟镀晶，再也不用去打蜡
27	买了这个镀晶镀膜剂，老公再也不用找代购了！
28	洗车水枪、镀晶、镀膜，买一送一，货到付款，全国包邮

（续）

序号	内容
29	镀晶 + 翻新 + 镀膜，一喷一擦，清洗更彻底
30	【黑科技】镀晶镀膜剂，一喷一擦，3秒瓦解油污
31	这款产品卖爆了！镀晶镀膜剂，多种功能，不好用包退
32	【正品保障】免费体验！无需打蜡，一分钟搞定

（2）镀膜

镀膜文案标题见表9-8。

表9-8　镀膜文案标题

序号	内容
1	爱车镀膜要多少钱？这里几乎白送了！
2	汽车镀膜一夜爆红！清洁神器，一喷一擦，旧车变新车！
3	汽车镀膜3秒搞定，不用去4S店，黑科技镀膜剂，每次只要9.9
4	镀膜新技术，一次就可以镀膜，不用去4S店啦！
5	汽车镀膜剂，一喷一擦，3分钟镀膜，不伤车漆！
6	汽车镀膜，一喷一擦，3分钟就搞定！
7	汽车镀膜不用愁，我们只做专业的镀膜神器！
8	3分钟镀膜一次搞定，好用不贵！现在购买只要128元
9	汽车美容店都在用的镀膜剂，你还在等什么？
10	汽车镀膜如此简单，一喷一擦，让你车漆光亮如新！
11	汽车镀膜剂，防水光滑提亮，一喷即亮，不伤车漆！
12	老婆买了瓶汽车镀膜剂自己镀膜，天天开新车

（3）内饰清洗

内饰清洗文案标题见表9-9。

表9-9　内饰清洗文案标题

序号	内容
1	汽车内饰脏了怎么办？试试这个，专业的汽车清洗用品
2	不用您操心了！用它，汽车内饰清洗，一次搞定
3	专业汽车内饰清洗的环保内饰清洗除味剂，一喷一擦，干净如新！
4	清洗汽车内饰不用愁，这个汽车内饰清洗剂，让你的爱车焕然一新！
5	内饰总洗不干净，来这里清洗一次就搞定！
6	车内清洗、汽车内饰清洗很麻烦？教你一招，轻松搞定！
7	厉害了！这款内饰清洗剂，一喷一擦，6秒搞定

（4）隐形车衣

隐形车衣文案标题见表 9-10。

表 9-10　隐形车衣文案标题

序号	内容
1	爱车被刮蹭怎么办？隐形车衣，让您少操心！
2	隐形车衣纯手工，让爱车更漂亮！
3	新一代隐形车衣，让爱车焕然一新，贴上不再担心爱车剐蹭
4	为什么爱车总被刮？隐形车衣，让爱车焕然一新！
5	隐形车衣保护您的爱车！不想再担心爱车出问题，用它！
6	隐形车衣，防刮、防蹭、超便宜，免费体验，立即咨询！
7	隐形车衣为什么这么火？原来是因为这个！
8	隐形车衣，贴一贴，保护爱车，让爱车更加美丽！
9	为爱车贴上隐形车衣，保护爱车保护隐私！
10	车身贴膜了解一下！隐形车衣这个价格，别再被坑了！
11	别再傻傻去蹭蹭了，这里有隐形车衣，让爱车焕然一新！
12	限时秒杀！隐形车衣，让用车更安全。
13	车衣太贵了？来这里，隐形车衣仅需 980 元！
14	给爱车换个隐形车衣，爱车的人都在排队预约专享优惠
15	隐形车衣，让爱车更有格调，更耐刮！
16	隐形车衣看这里！让爱车拥有一个优质的车衣！
17	隐形车衣，贴膜＋保护车漆，保护爱车，让爱车更加美丽！
18	隐形车衣就用×××，让爱车秒变豪车，让爱车更有格调！
19	隐形车衣一定要用这款，先试后买！
20	小刮小蹭怎么办？隐形车衣，让您不用愁！

附录
基本话术培训

一、FAB 话术

F 代表产品的特征、特性：说明产品与众不同的特征或优点。

A 代表产品的功效、作用：说明产品的特性会发挥什么用处或功能，阐述特征的内涵意义。

B 代表产品的利益、益处：说明产品的功效能替客户带来什么好处。顾客购买商品是为了得到解决问题或满足需求的好处，因此，必须站在客户的立场，把产品的特征与功效转化成满足顾客需求的利益。

FAB 话术模式示例：因为此款产品采用了……（产品的特性），它可以……（作用功效），能够让您……（带给顾客的益处）！

1. FAB 话术的操练

以某纳米蜡为例，FAB 话术应用说明及案例见附表 1。

附表 1　FAB 话术应用说明及案例

内容	特征	优点	利益
说明	在产品的介绍中，应该准确地告诉客户产品的特性，如纳米级别，中性环保	在介绍完产品特性之后，应当主动讲解这款产品的特性有什么优点	紧接着解释产品优点给客户带来的好处，尤其是独有的优势
案例	这是我们纳米级别的蜡	含有纳米成分的蜡会更好地附着在漆面上，所以保持的时间比一般的蜡都要长	因为纳米蜡效果保持时间较长，所以给您节省了很多保养的时间和金钱

2. FAB 标准话术

（1）FAB 话术实际应用示例

以内饰清洗剂为例，FAB 话术实际应用示例如下："您好，这款产品是我们采用先进中性环保配方的内饰清洗剂，它不仅清洁能力强，而且洗出来效果特别清新自然。更重要的是，它不像传统清洁剂一样会腐蚀您的门板以及座椅。您用 Sonax 的产品做内饰清洁，洗得干净还放心。我们这的好多客户都选择用它，您看那边那辆宝马就正在做清洁，要不我带您去看看效果？"

（2）不同产品 FAB 话术示例

1）特级 1 号纳米护理纯蜡 FAB 话术见附表 2。

附表 2　特级 1 号纳米护理纯蜡 FAB 话术

产品	特级 1 号纳米护理纯蜡
产品特征	纳米工艺技术，富含高品质巴西棕榈蜡成分，温和中性的水基配方，可用手打蜡，也可通过机器进行打蜡
产品优点	纳米成分更易渗透进漆面，使得蜡层停留时间更长
	巴西棕榈蜡成分不仅更能让漆面显现自然亮丽的光泽，而且可以有效地延缓漆面氧化
产品好处	简单有效的车漆护理方案，对于一般车主而言，仅需一个月打一次蜡并使用正确的方式清洗漆面即可达到保养车漆的目的。长期使用纳米蜡做保养，可以有效地保证漆面的成色
与主要竞品对比	竞品一般多为油性的配方，技术工艺只能达到分子级别，蜡分子很难渗入漆面，只能附着于油漆表层，打蜡时容易沾染灰尘，给漆面带来二次污染。竞品在施工时容易使漆面产生光圈甚至污染外部饰件，施工方式多为手工

2）特级 2 号纳米护理纯蜡 FAB 话术见附表 3。

附表 3　特级 2 号纳米护理纯蜡 FAB 话术

产品	特级 2 号纳米护理纯蜡
产品特征	纳米工艺技术，富含高品质巴西棕榈蜡成分，温和中性的水基配方，含有一定的研磨颗粒，可用手打蜡，也可通过机器进行打蜡
产品优点	纳米成分更易渗透进漆面，使得蜡层停留时间更长
	巴西棕榈蜡成分不仅更能让漆面显现自然亮丽的光泽，而且可以有效地延缓漆面氧化
	所含的研磨颗粒可以有效地去除漆面上的细小划痕，使漆面更平整，更加光亮如新
产品好处	对于一些开了一两年的车身表面有细小划痕的车辆，不需要再专门进行漆面抛光，就可以保证漆面基本达到一个镜面的效果
与主要竞品对比	同类产品较少

3）特级纳米抛光护理色蜡 FAB 话术见附表 4。

附表 4　特级纳米抛光护理色蜡 FAB 话术

产品	特级纳米抛光护理色蜡
产品特征	独特的颜色配方可以恢复旧漆面的色彩饱和度,效果近似 2 号蜡
产品优点	集去污、研磨、抛光、修复、上色、光亮于一体综合护理
	富含天然巴西棕榈蜡,能为漆面提供全天候的保护
	含有超细抛光因子和颜色修复因子,能有效去除漆面暗淡浑浊的现象,使车漆表面恢复原有的光泽和颜色
产品好处	对于一些褪色严重的车辆来说,单纯的上光无法达到最佳视觉效果,色蜡可以有效提高车辆色彩饱和度,使汽车恢复往日光彩
与主要竞品对比	同类产品较少

4）快速幻彩抛光护理剂 FAB 话术见附表 5。

附表 5　快速幻彩抛光护理剂 FAB 话术

产品	快速幻彩抛光护理剂
产品特征	富含高品质巴西棕榈蜡成分,温和中性的水基配方,含有一定的研磨颗粒,可手工打蜡也可机器打蜡
产品优点	针对银色、白色等浅色车漆上的水渍、脏点有很好的去除效果
	巴西棕榈蜡和研磨成分可以使漆面重焕光彩(对浅色车漆效果更佳)
产品好处	对于一些开了一两年的车身表面有细小划痕的车,不需要再专门进行漆面抛光,就可以保证漆面基本达到一个镜面的效果
与主要竞品对比	同类产品较少

5）纳米镀晶 FAB 话术见附表 6。

附表 6　纳米镀晶 FAB 话术

产品	纳米镀晶
产品特征	采用纳米工艺,可以渗透进车漆表面,产生纳米氟化碳晶体层,保护清漆层,理论保护期为 12 个月
产品优点	镀晶层可以有效对抗紫外线、酸雨等外部酸碱物的腐蚀,并带有一定的抗划痕能力
	镀晶层可以提供一定的亮度,增强车漆的立体感
	镀晶层的疏水效果可以减少静电的产生,使得漆面更容易被清洁
产品好处	对于一些新车或者中高端车的用户来说,选用镀晶产品可以延缓清漆层磨损的过程,并且减少洗车的次数
与主要竞品对比	竞品为非纳米技术,持久性差,只能利用反复多次施工延长保护期,连续的多次抛光严重损伤漆面。有的竞品采用硬化结晶技术,一味地追求施工后的漆面硬度,造成了镀晶后期易于龟裂脱落,加速紫外线的灼伤,更为后续的漆面维护和补漆留下了隐患

6）水晶镀膜 FAB 话术见附表 7。

附表 7　水晶镀膜 FAB 话术

产品	水晶镀膜
产品特征	采用网状聚合技术（NPT），产生网状保护层，理论保护期为 6 个月
产品优点	水晶网状保护层可以给漆面带来更光滑的手感和亮度的提升
	保护层可以有效地对抗紫外线、酸雨等外部酸碱物的腐蚀，并带来一定的抗划痕能力
	水晶层的疏水效果可以减少静电的产生，使漆面更易被清洁
产品好处	对于一些开了两三年的车来说，镀膜可以很好地提升车漆的手感和亮度，价格也比较适中，并且提供不错的后续保护
与主要竞品对比	竞品多为油性配方，保持时间较短，需要反复施工，对漆面起不到保护作用

7）内饰清洗组合套餐 FAB 话术见附表 8。

附表 8　内饰清洗组合套餐 FAB 话术

产品	内饰清洗组合套餐
产品特征	中性环保配方，具有极强的去污能力
产品优点	去污能力很强，可以去除一般清洗剂无法去除的污渍（如顶篷色差问题、门板鞋油印、座椅牛仔裤印等）
	中性配方不会造成真皮座椅被腐蚀，门板掉色等问题
	根据不同材质使用不同产品，更加专业细致
产品好处	车主付出一定费用即可彻底清洗内饰，使用车环境更加卫生和舒适，延长内饰件的使用寿命，不产生二次污染
与主要竞品对比	竞品采用强碱或强酸配方，虽然看起来清洁速度快，去污能力强，却严重损伤了部件本身，加速了内饰件的老化和龟裂。竞品以快速节省为导向，工序不规范，清洁不彻底，导致有些部位常年藏污纳垢。竞品为非绿色产品，造成的二次污染，对人体健康有伤害

8）漆面清洗组合套餐 FAB 话术见附表 9。

附表 9　漆面清洗组合套餐 FAB 话术

产品	漆面清洗组合套餐
产品特征	温和配方、去污能力出众
产品优点	去污效果很好，对于大多数漆面杂质，只要及时施工，就能轻松去除
	温和配方，对漆面没有副作用
	配合专用工具，更加专业
产品好处	方便实用的漆面清洁产品，建议车主可以自带，清洁起来快捷方便，也避免了车漆遭受不可修复的损伤
与主要竞品对比	竞品采用强碱或强酸配方，容易腐蚀到漆面。有一些污点，比如水渍、沥青点、水泥点无法有效去除

9)轮毂清洗 FAB 话术见附表 10。

附表 10　轮毂清洗 FAB 话术

产品	轮毂清洗
产品特征	中性配方,强力去污
产品优点	针对轮毂污渍,特别是制动粉尘等顽固污渍有着出色的效果
	适合各种材质的轮毂,不必担心轮毂被腐蚀
	施工快捷方便,清洗效果彻底
产品好处	车主无须花费太多时间和金钱就可以重获崭新的轮毂
与主要竞品对比	竞品采用强酸配方,会腐蚀轮毂,特别是合金材质的轮毂。制动粉尘和水渍很难被彻底清除

10)塑料件保护剂 FAB 话术见附表 11。

附表 11　塑料件保护剂 FAB 话术

产品	塑料件保护剂
产品特征	水性配方,香味怡人
产品优点	保护内部塑料件不被氧化泛白
	上光效果清新自然,没有油腻的感觉
	手感光滑,有很好的防静电效果
	护理效果持久,可达一个月以上
产品好处	该产品为很方便的内饰塑料件护理产品,能给车主带来很好的视觉效果和手感,也可以延长内饰件的使用寿命
与主要竞品对比	同类产品较少,多为油性,保持时间短且油腻

11)轮胎上光护理蜡 FAB 话术见附表 12。

附表 12　轮胎上光护理蜡 FAB 话术

产品	轮胎上光护理蜡
产品特征	含硅凝胶配方,采用纳米科技
产品优点	滋养橡胶,防止轮胎龟裂、褪色
	上光效果清新自然,不易沾染灰尘
	保持效果持久,可达一个月左右
产品好处	更好地保护轮胎,也不会有油腻的感觉,更不用担心轮胎沾灰的烦恼。一年使用一瓶,即可让轮胎始终保持一个较新的状态
与主要竞品对比	同类产品多为油性,效果不自然。竞品洗一到两次车就消失,且极易沾灰

12）皮革护理精华素 FAB 话术见附表 13。

附表 13　皮革护理精华素 FAB 话术

产品	皮革护理精华素
产品特征	富含蜂蜡，水性配方
产品优点	深入滋养皮革，恢复皮革的自然色泽，保持皮革原有的韧度弹性，提升皮革饱和度，增加抗污效果，防止皮革老化变硬、开裂
	绿色环保、透气、自然、舒适
产品好处	让用户更好地享受真皮座椅带来的舒适性，而不用担心皮椅的磨损和老化
与主要竞品对比	竞品采用油性配方，没有软化皮革的效果，使用鞋油式上光方法，只追求上光效果，忽视对皮革的护理，无法恢复皮革的韧性，没有防污效果，甚至容易沾染附着灰尘

13）金属光亮剂 FAB 话术见附表 14。

附表 14　金属光亮剂 FAB 话术

产品	金属光亮剂
产品特征	车用家用均可
产品优点	使金属件、镀铬件的锈蚀和氧化物被彻底祛除，焕然一新恢复光泽
	非金属材质镀铬部件亦可使用，使用后形成一层保护膜，具有防污效果，同时防止氧化、生锈、水渍等，使得后期的护理简便易行
产品好处	车主不用担心镀铬件越来越暗，或者布满水斑，从而使得整车外观变得难看
与主要竞品对比	竞品采用强酸或强碱来腐蚀去除表面的氧化和锈蚀，损伤了物件表面的材料和光泽。短暂的施工效果，既没有带来长久的保护功效，又加速了对表面的老化伤害

二、CPR 话术

1. CPR 话术的操练

CPR 话术应用说明及要点见附表 15。

附表 15　CPR 话术应用说明及要点

内容	澄清	转述	解决
说明	在使用开放式问题进一步明确客户的异议	用自己的话总结客户的话	从以上两个步骤中获得的信息和时间更容易以专业的方式加以回应
要点 1	切忌用防御式的辩解或反驳的口吻提出问题	转述客户的异议，帮助他们重新评估、调整和确认他们的担忧	承认他们的担忧，理解认同客户的感受，然后给出你的解决方案
要点 2	采用积极的倾听技巧确保你能准确地理解客户的异议	转述让你有机会把客户的异议转化为更容易应对的表述方式	—

2. 标准 CPR 式的回答

车主问："你们的镀晶怎么没有结晶体啊？"

销售：（澄清）"先生您挺细心的呀，您为什么会觉得我们的产品没有结晶体呢？"

车主："我到别的店洗车的时候，他们跟我说的。"

销售：（转述）"您说我们的镀晶没有结晶体这个问题啊，从某种角度来看，也是正确的。"（解决）"因为我们的产品是属于渗透型，所以做完一看，好像无法形成固体结晶，但是其实它的持久性会更好，因为……。这样吧，我光说您可能也不信，我可以在您的车上做上一小块，您可以看看光亮度和疏水效果，然后咱们再下结论，您看好吗？"

3. 常见场景话术应用

（1）场景一

客户在货柜前看产品，销售人员在旁边询问："是否需要帮助？"客户回答："不用管我，我就随便看看"。

建议应对策略：不要继续纠缠客户，回答："那我就先不打扰您了"，假装转身，然后装作突然想起什么事情一样，询问客户："请问您的车牌号是多少？我去帮您看看您的车洗好了没有。"

待车洗好之后，带客户做环车检查，伺机进行产品项目推荐。

应对要点：不要穷追猛打，客户在休息区看产品的时候多是一种无意识行为，购买欲并不强烈，强行推销会使客户产生反感，应尽量把主战场转移到施工车间，让客户看到实际效果。

（2）场景二

向客户推销产品，客户说："我不需要！"

建议应对策略：对于陌生的客户来说，除非客户主动表示对某产品表示兴趣，否则一定不要直接进行推销。可以先询问客户是否经常过来洗车，再跟客户聊聊车况，如果客户表示出对车辆保养的喜爱，再做推荐。

对于较为熟悉的客户，当他说我不需要的时候，也不要继续讲解产品的好处，应该笑着问他："能问一下您不需要的原因吗？是因为觉得用了之后效果不好吗？"（切记，在这里一定要问半开放式的问题。）

（3）场景三

客户说："你们的产品怎么样？给我介绍介绍吧。"（往往遇到这种情况，销售人员会认为出现了销售机会，给客户拼命地讲解好处，最后却有可能换来一句"我再考虑

考虑"。)

建议应对策略：较为稳妥办法应该是先询问"您之前有给车做过美容保养吗？"之后不管是肯定还是否定的答案，都可以说"选择汽车美容产品一般来说要考虑三个方面的因素，分别是环保性、效果和价格。"

其实很多人往往重视的是后两者，却忽视了恰恰是最关键的环保性。有些产品看上去效果不错，但是含有很强的酸碱性，看起来好像是起到了清洁的作用，实际上对车辆部件的危害更大。

接下来可以说"我们的产品都是中性环保的配方，让您用起来无后顾之忧，我认为这对您才是最重要的。效果我就不用嘴说了，我带您实际体验一下，您看看再做评价。至于价格么，我们的选择空间也是很大的，但是可能会比一些杂牌产品贵一些，不过没关系，我们可以根据您的实际情况来做选择。我看您的轮毂上沾了很多制动粉，要不我先带您试试这款轮毂清洁剂？"

（4）场景四

客户说："你们的东西不错，就是太贵了。"

建议应对策略：可以问客户"您是觉得我们的东西跟别人家的比贵呢，还是您觉得这个东西本身贵呢？"一定要针对性地回答客户的问题，然后给客户提供一些解决方案。

如果感觉客户是真的想买，但是确实觉得有些超出接受范围，可以考虑申请一些折扣。

如果客户本身有这个购买能力，但是因为各种原因做一些推脱，可以考虑用一些压迫式的成交法，例如"我要是能帮您申请到优惠，您是不是确定可以买？"或者"您肯定是跟我说笑了，您看这个存储柜，我们店像您这样有实力的客户都买了一个DIY套装放在这里。"

（5）场景五

客户说："镀晶我听说过，在别的地方做需要××元，你们这里要多少钱呀？"

建议应对策略：看来您对车漆保养这一块还是挺关注的，您应该也了解了很多了吧，说心里话，我们店做镀晶的话，价格上确实不算便宜，但是按照我们标准来看，其实市面上很多的产品是不能被称为镀晶的。这样吧，您要是不忙的话，我给您简单介绍一下？"